QUESTÕES DO NOSSO TEMPO

Igor Santos
Maíra Barroso Léo
José Ricardo

QUESTÕES DO NOSSO TEMPO
CONVERSAS ENTRE HISTÓRIA, SOCIOLOGIA E PSICOLOGIA

PREFÁCIO
Clóvis de Barros Filho

LETRAMENTO

Copyright © 2020 by Editora Letramento

DIRETOR EDITORIAL | **Gustavo Abreu**
DIRETOR ADMINISTRATIVO | **Júnior Gaudereto**
DIRETOR FINANCEIRO | **Cláudio Macedo**
LOGÍSTICA | **Vinícius Santiago**
EDITORA | **Laura Brand**
ASSISTENTE EDITORIAL | **Carolina Fonseca**
COMUNICAÇÃO E MARKETING | **Giulia Staar**
DESIGNER EDITORIAL | **Gustavo Zeferino e Luís Otávio Ferreira**
REVISÃO | **LiteraturaBr Editorial**

Todos os direitos reservados.
Não é permitida a reprodução desta obra sem
aprovação do Grupo Editorial Letramento.

Dados Internacionais de Catalogação na Publicação (CIP) de acordo com ISBD

M478c	Santos, Igor Bruno Cavalcante dos
	Questões do nosso tempo: conversas entre História, Sociologia e Psicologia / Igor Bruno Cavalcante dos Santos, Maíra Barroso Léo, José Ricardo Faleiro Carvalhaes. - Belo Horizonte : Letramento, 2020. 114 p. ; 15,5cm x 22,5cm.
	Inclui bibliografia. ISBN: 978-85-9530-386-7
	1. Ciências sociais. 2. História. 3. Sociologia. 4. Psicologia. I. Léo, Maíra Barroso. II. Carvalhaes, José Ricardo Faleiro. III. Título.
2020-384	CDD 300 CDU 3

Elaborado por Vagner Rodolfo da Silva - CRB-8/9410

Índice para catálogo sistemático:
1. Ciências sociais 300
2. Ciências sociais 3

Belo Horizonte - MG
Rua Magnólia, 1086
Bairro Caiçara
CEP 30770-020
Fone 31 3327-5771
contato@editoraletramento.com.br
editoraletramento.com.br
casadodireito.com

SUMÁRIO

7 — PREFÁCIO

13 — PARA INICIAR O BATE-PAPO... UM CONVITE ÀS CONVERSAS!

17 — NO MEU TEMPO AS COISAS ERAM DIFERENTES

25 — O INDIVÍDUO COMO SUJEITO DE SUA HISTÓRIA

33 — TEMPOS TRISTES EM QUE VIVEMOS

45 — INTERNET: PONTOS PARA UMA DISCUSSÃO NECESSÁRIA

53 — AS REDES SOCIAIS E A LIQUIDEZ DOS TEMPOS ATUAIS

65 — A DITADURA DA OPINIÃO

73 — FUTEBOL E POLÍTICA NO TERRENO DAS PAIXÕES

83 — JUVENTUDE E POLÍTICA

95 — PARA ENCERRAR O BATE-PAPO... MAIS ALGUMAS CONVERSAS

101 — AUTORES MENCIONADOS AO LONGO DO LIVRO

PREFÁCIO

Questões do nosso tempo: conversas entre História, Sociologia e Psicologia é uma convocação para o diálogo. Trata-se de uma conversa promovida pelo Doutorando e Mestre em História Igor Santos, pelo Cientista Social e Mestre em Sociologia José Ricardo e pela Mestre em Psicologia Maíra Barroso Léo. O bate-papo é sobre as ações e reações dos sujeitos diante dos desafios do nosso tempo.

Por essa razão, não é um livro que encerra qualquer discussão. Pelo contrário, cada autor é uma voz-posição de um diálogo inacabado, em construção. Como acontece em todo encontro plural, a singularidade desta leitura é justamente a inclusão de outros. Ela é um apelo para o leitor se deixar afetar por *flashes* de visões pessoais. Traz, em perspectiva multidisciplinar, situações angustiantes dos nossos dias. Por isso, as questões expressas em visões anseiam por mais respostas. Os posicionamentos dos autores nascem dos seus lugares de fala, nas suas disciplinas de formação: a História, a Sociologia e a Psicologia. Eles se entrecruzam e se afetam mutuamente, causando diferentes reações sobre cada assunto. Trata-se, portanto, de um caleidoscópio de ideias que se abre para novas formações. Mergulhados na leitura, temos vontade de participar, de opinar, de contribuir.

No primeiro capítulo, "No meu tempo as coisas eram diferentes", os autores optaram por debater o tempo na perspectiva do saudosismo e do escapismo. Depois, em "O indivíduo como sujeito de sua história", promovem uma reflexão sobre o destino e a liberdade. Em "Tempos tristes em que vivemos", refletem sobre a melancolia, a depressão e o suicídio. "Internet: pontos para uma discussão necessária" apresenta uma abordagem criativa sobre a navegação na Internet e o consumo de conteúdos no *cyber espaço*. No tópico "As redes sociais e a liquidez dos tempos atuais", abordam os laços e os vínculos que se estabelecem no relacionamento dos seres humanos a partir da convivência diante de uma realidade tecnológica e em rede. Em "A ditadura da opinião", discutem temas como a certeza antecipada e os achismos, ponderando sobre a noção de verdade. Além disso, outrossim, discorrem sobre as semelhanças, os contrastes, pontos de conexão e a movimentação dos afetos nas relações entre esporte e a política, no capítulo "Futebol e política no terreno das paixões". Já em "Juventude e política" apresentam alguns desafios dos jovens e sua relação com a política.

Nossos escritores abarcam situações compartilhadas no mundo da vida, um cotidiano povoado de vozes. Nas falas, reconhecemos seus pontos de vista e escutamos, pela sua voz, as nossas próprias inquietações. A realidade é polifônica. Podemos ou não nos apropriar dos infortúnios e tesouros da cultura. Depende da compreensão ou da interpretação que fazemos das palavras alheias, costumeiras... das nossas palavras. Seriam, estas ao menos, verdadeiras? Ainda não conheci palavras neutras. Palavras em circulação transportam significados e significantes. São sempre signos carregados de intenções, prenhes de juízos de valor negociados. São, em última instância, sentidos que se deslocam, preservam visões e fabricam os contornos de uma sociedade midiatizada.

E não adianta dizer que a conversa é de brincadeirinha, que a palavra não vale, que não se quis dizer o que se disse, ou que as DRs não funcionam. O dito e o implícito são atos que atuam como respostas a alguma ação anterior. Sendo assim, possuem um sentido e ao provocar uma resposta no outro, pode gerar um sentido novo. Quem nasceu primeiro: a galinha ou o ovo?

As palavras também ordenam e sabemos que todo "da boca pra fora" tem propósito. Palavras são trocadas nos diálogos. Intercambiam juízos. Vale, ainda, não nos esquecermos de que comunicação é ação. É representar e produzir compreensão Comunicar pode ser, também, não querer assimilar. Pode representar uma negociação com realidades que nos são vendidas e que não compramos. Sabe quando não se quer seguir o manual de instruções? Quando não se lê a bula? Quando se muda a dosagem do remédio? Quando não se concorda com a propaganda?

Essa é a proposta do livro: um colóquio sobre enfrentamentos, dissensos e possibilidades dialógicas sobre os assuntos versados. É uma reflexão sobre as condições de um mundo que é repleto de representações, idealizações, e que acabam por apequenar as esferas públicas de discussões. Os espaços de debates de ideias são limitados. Faltam-nos as *ágoras*, lugares de interação e de trocas de opiniões, livres dos algoritmos, livres para o pensar.

Venha comigo! Recomendo que você percorra esse caminho. Os autores irão pegá-lo pela mão. Prossiga pela trilha. Pesquise também sobre os temas. Siga a proposta desse grupo. E que a conversa continue! O conhecimento é o processo, a viagem. Sugiro que não se tome nenhum atalho. O caminho curto pode ocultar a beleza do trajeto. Sendo assim, convido o leitor a participar das discussões longas. A consumir esse livro devagar e enquanto um ato ético. Que você construa seus discursos. Mas que o faça não apenas usando o sentido da palavra. Mas tomando a palavra para si. Num ato de fala responsivo-responsável. Um modo de ser no acontecimento, no devir das linhas escritas, nas falas, na leitura sem álibis.

Excelente diálogo!

Clóvis de Barros Filho
Escritor e palestrante

PARA INICIAR O BATE-PAPO... UM CONVITE ÀS CONVERSAS!

A ideia de se pensar questões relevantes acerca da vida e do ser humano não é recente. Data, no mínimo, da Grécia Antiga, quando **Sócrates**, já por meio de conversas, propunha reflexões às pessoas fazendo-as questionarem as coisas e, por meio de problemáticas em cima de suas respostas, questionarem, inclusive as suas certezas anteriores. Sócrates pagou muito caro por isso. Com o seu método, que ficou conhecido como maiêutica, daria vazão para que os homens de sua época lhes acusassem de corromper a juventude. A pena? A morte.

Sim. Sócrates, o fundador da filosofia ocidental fora condenado à morte, por meio da ingestão de cicuta, um tipo de veneno, apenas por ter feito o que este livro se propõe a fazer: levar a reflexão e estimular o debate por meio de conversas. Se o destino do filósofo grego não fora um dos melhores, seu feito, contudo, gerou frutos e aqui estamos nós, 2500 anos depois, lançando mão de seu ensinamento para pensarmos alguns temas que nos são tão caros neste início de século XXI.

Conversas pressupõem interlocutores interessados numa pauta (ou, como é o caso deste livro, em algumas pautas). Mas, uma boa conversa, como a que procuramos conduzir e defender aqui, pressupõe interlocutores interessados em prosas cujo objetivo não seja encerrar a discussão em si. Não intentamos, em nenhum momento, "lacrar" nada. Pelo contrário, nos dedicamos a escrever um livro que retratasse pontos de vista plurais, distintos, trazidos da História, da Sociologia e da Psicologia, que em alguns momentos soaram convergentes noutros divergentes, mas repletos de entusiasmo, respeito e, principalmente, atenção naquilo que estava sendo dito pelo outro.

É neste clima que gostaríamos de convidar o leitor e a leitora para adentrarem neste mundo da reflexão e das conversas acerca de temáticas que lhes farão não ter certezas, mas apenas tomarem conhecimento de outros pontos de vista.

Não sabemos se chamaremos a todos para se assentarem à mesa a fim de termos momentos de prosas, ou, se como Sócrates, mais uma vez, conduziremos essas conversas caminhando por aí. Sobre isso, pensem no que lhes traria mais prazer e, sejam bem vindos a este bate-papo. Iremos conversar sobre Internet, redes sociais, futebol, política, juventude, tristezas, alegrias, dentre outras pautas que nos circundam ou, para fazer referência ao título do livro, dentre outras pautas que compõem algumas "questões do nosso tempo".

Desejamos, caro leitor e cara leitora, antecipadamente, que este livro possa lhes trazer o mesmo prazer que pudemos compartilhar no momento em que conversávamos e o escrevíamos. Leiam-no, questionem-no, concordem e discordem do que quiserem. Saibam, contudo, que, tendo gerado algum desconforto (filosoficamente falando, no sentido positivo que essa palavra possa ter, que é o de provocar mais interesse para pesquisar e querer saber mais sobre alguma coisa) nos sentiremos realizados. Esperamos, que ao fim destas páginas, possamos não ter o mesmo fim de Sócrates, mas que, assim como o filósofo grego, possamos, por meio das conversas, estimular outras tantas.

Boa leitura!

MAÍRA BARROSO É fato que a nossa História nunca deixará de passar por processos constantes de transformação. Como cantava **Cazuza**, *"o tempo não para!"*. E sendo a interação do humano com o ambiente que o circunda e os efeitos desta interação sobre a sua subjetividade o principal objeto de estudo da Psicologia, não se pode negar que a produção de saberes e práticas sobre a *psiquê* e o comportamento humano sempre se constituirá de acordo com a época ou período histórico que a contextualiza e a atravessa.

Mudam-se os tempos, mudam-se as construções socioculturais, as modalidades de interação entre os seres e, consequentemente, mudam-se as nossas formas de adoecimento. Nós, psicólogos, somos convocados a intervir nos arranjos subjetivos dos nossos tempos, estando sempre a serviço da atualidade. Transtornos mentais, outrora descritos e em voga, desaparecem e outros novos, antes impensados ou não observados, passam a ser considerados, estudados e tratados. Não deixamos de aprender com o passado, mas somos constantemente desafiados a cada manifestação sintomática ou comportamental nunca vista. Para lidar com este objeto de estudo, o psiquismo humano, é preciso certa abertura à surpresa. Autorizo-me a dizer, inclusive, que esta habilidade não é somente requerida para ser um bom psicólogo, mas necessária à adaptação do homem em qualquer situação de vida.

O saudosismo, aliado à resistência à mudança, impede o progresso. Como diria **Brás Cubas**, em suas *Memórias Póstumas*, "a pior filosofia é a do choramingas que se deita à margem do rio para o fim de lastimar o curso incessante das águas. O ofício delas é não parar nunca!". Tratemos, pois, de seguir adiante, afinal, como também sugere o escritor brasileiro **Guimarães Rosa** em *Grande Sertão: Veredas*, o que a vida quer da gente é coragem!

IGOR SANTOS Normalmente, quando ouço alguém dizer que *"no meu tempo as coisas eram diferentes"* tendo a imaginar duas coisas: a primeira é de que se trata de uma pessoa com um senso de percepção relativamente bom, uma vez que as épocas são diferentes mesmo (em vários – se não em todos os aspectos); e, a segunda, é constatar o fator idade. Costumo fazer isso porque esses comentários têm partido de pessoas que olham para as crianças de hoje e as veem como sujeitos destituídos de suas infâncias. Essas afirmações estão, ainda que inconscientemente, carregadas de pensamentos que dizem, de outra forma, algo do tipo: "a minha infância é que era boa, a de hoje é ruim"; ou, "as brincadeiras da minha época foram as melhores... eu me divertia. As de hoje são chatas e, por isso, as crianças são mais sem graça", etc. Para se resolver isso, indico algumas sessões de terapia com a nossa amiga Maíra.

É como se houvesse uma única maneira de ser criança, quando, na verdade, a própria noção de "ser criança" também tem a sua historicidade, ou seja, também sofreu os efeitos das transformações históricas, recheadas pelas mudanças e permanências, que caracterizam o processo histórico. Nesse sentido, a noção de infância, ou de criança, não deve ser entendida como um conceito universalmente estático e aplicável a todas as épocas e sociedades.

Tendo a acreditar que lamentações desse tipo, sejam apenas mais uma forma que o ser humano tem de expressar aquilo que **Nietzsche**, no século XIX, definiu como *ressentimento*. É uma maneira de olhar para o passado, nostalgicamente, e se enraivecer por não poder tê-lo de volta. Assim, para suportarem as suas frustrações, optam por maldizer aqueles que tomaram o seu lugar e que, por possuírem mais colágeno na pele, têm maior flexibilidade do que os reclamões.

Um bom exemplo seria parar um minuto para observar à nossa volta. Perceberíamos que as pessoas mais velhas que criticam as crianças por não brincarem mais nas ruas e por ficarem trancadas em seus quartos mexendo em seus aparelhos eletrônicos, são, possivelmente, as mesmas que insistem com os seus filhos, sobrinhos e/ou netos, para que lhes ensinem a mexer também no seu *smartphone* ou em sua *smart tv*. Não se trata de um discurso diferente da prática tão somente, mas de choques geracionais que se expressam no cotidiano na medida em que novos padrões se confrontam com velhas práticas. Desse encontro, o antigo, ainda que não perdendo o seu lugar de referência, ou como quisera **Max Weber**, de "tipo ideal", é necessariamente posto em contato com novos padrões utilitários ou de consumo da sociedade.

Em História, costumamos utilizar a expressão "tempo histórico" quando queremos analisar a sociedade e suas transformações. Assim, compreendemos que as maneiras de pensar e as formas de viver dos seres humanos encontram-se atreladas e circunscritas às épocas em que vivem. Não por outra razão, **Marc Bloch**, lembrando-se de um antigo provérbio árabe, dissera que os "homens se parecem mais com sua época do que com seus pais".

No entanto, no momento em que vivem, as pessoas colocam as suas visões de passado para dialogarem com os seus desejos de futuro e, desse confronto, fazem surgir premissas sobre as quais vivenciarão (na prática ou enquanto perspectiva) o seu presente. É dessa relação que podem surgir indivíduos ditos conservadores, reacionários ou progressistas em dado contexto histórico. Ou seja, é desse confronto entre passado e futuro, estabelecido no presente, que as pessoas se munem de argumentos que lhes permitirão confirmar e/ou atribuir o tom (de saudade ou de alívio por ter passado) que no seu tempo as coisas eram diferentes.

Mas e o que a sociologia tem para nos dizer sobre isso, José Ricardo?

JOSÉ RICARDO Penso que o fato de as pessoas demonstrarem um certo saudosismo é normal, porque nossas experiências sempre servem de parâmetros para o julgamento que fazemos do presente. Se considerarmos estas ou aquelas experiências positivas, se julgarmos que nossa vida era boa ou ti nha-se muita coisa boa no passado, é inevitável que façamos um contraste com as coisas que não consideramos tão boas no presente. Acho que isso explica, por exemplo, a razão de muitas pessoas estarem hoje pedindo intervenção militar no Brasil. Conheço gente que diz que na época dos militares havia mais segurança e mais prosperidade. Independente da inverdade histórica, fato é que ao pensarem dessa maneira, essas pessoas vão ter saudade daquele tempo. Convém ressaltar que nessa discussão está presente também uma idealização de certas épocas, aquelas que supostamente, pelo que conhecemos através das leituras e da História que nos é contada, apresentavam características com as quais nos identificamos mais.

No decorrer de nossa conversa, ao falar a respeito da juventude e da política, farei uma referência ao movimento *hippie*, do qual não participei porque era muito criança. No entanto, penso como seria se eu fosse jovem naquele tempo, pois, pelo que eu aprendi, essa época me parece ter sido muito mais estimulante, política e existencialmente falando, do que a de hoje. Por isso, acho inevitável que as pessoas cultivem alguma nostalgia quando amadurecem, a não ser aquelas cujas vidas no passado foram de muito sofrimento e privações. Pensemos: seria difícil imaginar que um judeu europeu que viveu a Segunda Guerra Mundial tenha saudade desse tempo, não é verdade?

MAÍRA BARROSO Certamente, José Ricardo.

Penso, além disso, que qualquer inovação seja ela política, ideológica ou tecnológica traz consigo, ao mesmo tempo, temor e fascínio. Temor, pois estamos diante do desconhecido, e isso é desafiador. Fascínio, pois o novo pode ser mesmo sedutor e deslumbrante. Imagino como devem ter sido vividas e recebidas pela humanidade invenções como a vacina, a energia elétrica, o telefone e o avião, por exemplo. O trabalho de desconstrução e readaptação necessário a todos os processos de transformação em uma sociedade assusta e chacoalha os seres humanos, pois as coisas do mundo mudam mais rápido do que os nossos pensamentos e crenças podem alcançar, acompanhar e compreender.

Para termos uma noção do que estou falando, até o ano de 1990 (do ponto de vista histórico, ontem!), a homossexualidade era considerada uma desordem mental pela Organização Mundial da Saúde (OMS). A Associação Americana de Psiquiatria já a havia retirado de sua segunda edição do Manual Diagnóstico e Estatístico dos Transtornos Mentais há quase 20 anos (em 1973). Em 1975, a Associação Americana de Psicologia redefiniu as condutas clínicas e o acolhimento aos homossexuais de acordo com os parâmetros da APA e, no Brasil, em 1985, o Conselho Federal de Psicologia passou a não considerá-la como doença. Percebam que foram necessárias pelo menos duas décadas de transformações e debates para que estas importantes conquistas ocorressem.

Isto porque, durante muito tempo, a sexualidade humana foi concebida a partir de um viés exclusivamente biológico. Após o nascimento da Psicanálise, a partir das contribuições de **Sigmund Freud**, passou-se a considerar o não determinismo do sexo anatômico sobre a identidade sexual ou de gênero. Ter um pênis ou uma vagina nada tem a ver com "sentir-se homem ou mulher". As relações que cada ser humano estabelece com o seu corpo e com a sua anatomia sao atravessadas pela linguagem e são, portanto, diversas e singulares, e nunca apartadas das construções socioculturais de sua época.

Da mesma forma, as configurações familiares deixaram de ser, há muito tempo, determinadas pela consanguinidade. O conceito de família, assim como o de identidade de gênero, sofreu diversas alterações e, hoje, considera-se família o grupo de indivíduos que escolhe se vincular a partir de laços afetivos, e não necessariamente sanguíneos.

Novas formas de fertilização e reprodução assistida também já são uma realidade e todos os novos formatos de família (não somente aquelas formadas pelo pai, pela mãe e sua prole – denominada família nuclear) seguem lutando por direitos que regulem, reconheçam e legitimem a sua existência neste tempo e no que está por vir.

O preconceito, a segregação e a violência dirigidos a grupos minoritários, parecem repousar sobre a ideia do capítulo de que num tempo passado "as coisas eram diferentes"... Dizemos isto sem nos dar conta de que hoje elas também são e continuarão em constante mutação.

JOSÉ RICARDO Essa questão sobre identidade de gênero é um exemplo de como a situação do presente representa um claro avanço quando comparado ao que era no passado. Avançamos muito nesse campo e também em outras questões que tem a ver com a democracia e com discursos mais igualitários. É inegável que os direitos humanos são muito mais respeitados hoje do que já foram em qualquer outra época. Já nos livramos de muitas práticas e mentalidades que hoje são vistas como retrógradas. Um exemplo simples é o fato de que até recentemente o adultério era considerado crime no Brasil, como a homossexualidade era também em vários países, inclusive num país que é uma referência de democracia, a Inglaterra, onde um homossexual poderia ser preso até por volta da década de 70. Assim, penso que avançamos em algumas coisas, notadamente na área de democracia, direitos humanos, igualdade de direitos e até na redução de pobreza e desigualdades sociais: em todos esses casos o presente se mostra melhor, em minha opinião, do que o passado; mas pioramos em outras, como na situação ambiental.

Em outras áreas, há muita subjetividade na nossa avaliação, como nas artes, campo em que meus maiores ídolos são de gerações passadas, embora alguns deles ainda estejam vivos.

O INDIVÍDUO COMO SUJEITO DE SUA HISTÓRIA

IGOR SANTOS Já que estamos em meio a discussões que trazem diversos pensadores, e das mais variadas especialidades, para a conversa (se não de forma direta, ao menos indiretamente ou por meio de referências), tomo a liberdade de convidar para a nossa prosa um filósofo que com poucas palavras nos deixou uma bela mensagem para a reflexão. Refiro-me a **Arthur Schopenhauer**.

Schopenhauer, em seu *Aforismos*, disse: "o destino embaralha as cartas, e nós as jogamos". Vejam como essa frase pode nos dizer muita coisa. Ela causa em nós, assim como é o propósito da Filosofia de modo geral fazê-lo, um desconforto. Aforismos têm essa capacidade. Dizem, de maneira simples e objetiva, o que, noutros momentos, um longo texto, analítico e mais rebuscado, não seria capaz de dizer, ou, pelo menos, de nos fazer entender com tamanha clareza e simplicidade.

Ao dizer que "o destino embaralha as cartas", primeiramente, Schopenhauer nos possibilita pensar que o palco sobre o qual estrelamos o espetáculo da nossa existência, por ele chamado de "destino", mistura, ou seja, desordena, as possibilidades em meio às quais conduziremos as nossas decisões, portanto a nossa vida de modo prático. Nesse sentido, caberá a nós, em meio ao caos, buscar a ordem das coisas novamente.

Para defender a ideia de que devemos assumir o controle da situação, ele completa a frase dizendo que somos nós quem "jogamos as cartas". Isto é, ele diz que somos nós que organizamos novamente algo que, *a priori*, estava desorganizado. Entretanto, Schopenhauer era esperto demais para encerrar o sentido de sua fala neste ponto. Para um filósofo que ficou conhecido pelo seu pessimismo, era de se esperar que ele viesse com máximas que nos remetessem à ideia de que nada daria certo sem que da nossa parte fosse necessário algum tipo de esforço, não é verdade? Assim como, reconhecendo a possibilidade do fracasso em nossa vida, ele faz alusão à arte de jogar ("e nós as jogamos") e isso também é sintomático.

Sabemos que quando jogamos buscamos a vitória, mas também estamos sob o risco da perda. Jogos também foram feitos para perder, daí a própria expressão "jogos de azar".

Lembro-me, no momento em que escrevo, dos antigos jogos do Império Romano e tento imaginar o sentimento dentro do coliseu dos gladiadores que, no instante de suas lutas, sequer poderiam imaginar o fim daquela partida, que poderia culminar, igualmente, no fim de suas vidas.

Se por um lado o jogo pode nos remeter à perda e, como consequência, à frustração, tristezas, etc., por outro, é também durante o jogo que temos as possibilidades de usarmos meios pelos quais construiremos as nossas chances de vitória. A isso damos o nome de estratégia, palavra de origem grega.

No mundo grego, e na Antiguidade de modo geral, a guerra fazia parte do cotidiano das pessoas. Impérios de todos os tamanhos, por meio de guerras, se sucediam e se tornavam imbatíveis por tempo limitado, até que a ascensão e poderio de algum outro lhe tornasse mais potente a ponto de fazê-lo suceder o anterior. Foi nesse contexto que surgiu a palavra estratégia, relacionada à capacidade de comando de um general para com o seu exército em batalhas. Estratégia vem de *Strategia*, planos, métodos, manobras, isto é, formas e recursos que são utilizados para se alcançar determinado objetivo.

Nesse sentido, retorno ao aforismo de Schopenhauer e afirmo que, para mim, é tamanha a beleza e a precisão de sua argumentação. Com clareza, o autor está nos chamando para a responsabilidade. Está dizendo: "a sua vida é bagunçada, ou pode estar uma bagunça, mas, ao assumir o controle de suas ações, você será inteiramente responsável por sua transformação". Ele nos diz, diferentemente do que a autoajuda atual defende, que o poder de mudança do resultado está em nossas mãos, independentemente do destino. E isso é fundamental, apesar de também ser passível de questionamentos.

Essa foi a grande sacada da historiografia do século XX, a possibilidade da História, enquanto ciência que estuda o homem no tempo, como nos lembrava mais uma vez Marc Bloch, reconhecer que os personagens da história (seres humanos) são, antes de tudo, sujeitos históricos, responsáveis pela construção de seus próprios caminhos. Perceber isso, certamente, contribuiu para que muitos dos nossos heróis fossem revistos, repensados e, mesmo em alguns casos, colocados em xeque e desconsiderados, ao mesmo tempo em que também trouxe à tona personagens da nossa história que até então permanecia no anonimato. Enfim, a ciência histórica pôde dar voz aos seus sujeitos e compreender com mais precisão as suas tramas do cotidiano.

JOSÉ RICARDO Como você disse, Igor, essa história de destino pode ser contestada. Eu mesmo, por exemplo, não acredito nisso. Estando todos na condição de reféns ou sendo fantoches do destino, não poderíamos ser imputados por nenhuma de nossas ações. Nesse sentido, como condenar **Hitler**, **Stalin** e tantos outros algozes pelos seus feitos, pois se tudo o que fizeram já estava escrito? Dentro dessa lógica argumentativa, considero que qualquer noção de justiça seria impossível se houvesse destino.

Entretanto, também compartilho da ideia que atribui certas limitações às nossas escolhas e/ou ações. Isto é, em certa medida reconheço que as nossas ações estão limitadas pelas estruturas políticas, sociais, econômicas e culturais que conformam o mundo em que vivemos. Quando nascemos, já encontramos um mundo estruturado que irá delimitar nossas ações. Além disso, há aspectos ocasionais que interferem em nossa vida e sobre os quais não temos controle algum. Devemos nos planejar e somos, sim, pelo menos em parte, responsáveis por nossas escolhas. Mas jamais teremos controle total sobre nossas vidas. Assim, confesso: fico no meio termo entre o "deixa a vida me levar" e a posição de **Sartre**, que diz que o homem está condenado à liberdade.

IGOR SANTOS "Liberdade" que, nos tempos atuais, quase se torna sinônimo de "angústia".

MAÍRA BARROSO Concordo com você, José Ricardo. A noção de destino parece aniquilar as chances de responsabilização dos sujeitos pelos seus atos. E por falar em sujeitos, diferente da noção do sujeito cartesiano "*eu penso*", o sujeito do inconsciente para a psicanálise é marcado pela descontinuidade, pelo tropeço ou descompasso em relação à consciência, à razão. Por isso, o estatuto do sujeito do inconsciente é o desvanecimento, e ele (o sujeito) se subtrai de toda e qualquer tentativa de apreensão integral. Não pretendo discorrer sobre este conceito tão específico neste momento, então concluo, de forma bastante simplificada, que o sujeito é *isso* o que há de mais singular em cada um de nós.

Mas o sujeito também pode (e deve!) ser protagonista e responsável – pelo menos em partes, ou em boa parte – por sua história. Digo em partes, pois concordo com os meus colegas que a vida comporta e sempre comportará algo de imprevisível, de não-programável, de indomável. O futuro é impredizível e sobre ele não se pode saber muito. A vida é isso o que acontece sem ensaios e citando mais uma vez Guimarães Rosa, "viver é muito perigoso, é descuido prosseguido. Viver é etecetera..."

Sobre o porvir, talvez possamos conjecturar, sonhar, assim como o escritor uruguaio **Eduardo Galeano** em seu *Direito ao delírio* nos convida a pensar: "mesmo que não possamos adivinhar o tempo que virá, temos ao menos o direito de imaginar o que queremos que seja", e batalhar por isso!

Assim como em um jogo de baralho, no jogo da vida temos que "nos virar" com as cartas que temos, *saber-fazer* com as combinações aleatórias que nos são entregues a cada rodada.

Quando alguém procura por um psicólogo, por exemplo, é porque se encontra impossibilitado de jogar com os recursos ou cartas que tem ou porque lhe faltam recursos ou cartas para jogar. Mais ainda, por vezes não se sabe que algumas de suas próprias escolhas ou "jogadas" promovem a manutenção do sofrimento do qual se quer ver livre.

Uma das funções da Psicologia é auxiliar os sujeitos a não se acovardarem diante de suas histórias e a encontrarem estratégias para reassumir as rédeas da própria vida. Mesmo aqueles acometidos pelos mais graves transtornos mentais, após algum tempo de tratamento relatam com admirável lucidez o quão importante foi este processo de resgate de sua dignidade.

Ao revisitarem e contarem suas histórias, os sujeitos vivenciam um processo de retificação subjetiva, ou seja, se reposicionam diante de algumas situações na vida de maneira mais saudável. A partir daí, passam a se perceber como parte do problema trazido, como responsáveis por suas escolhas e podem adquirir certa crítica sobre seu próprio modo de funcionamento subjetivo. Com isso, podem também construir saídas e soluções para situações de sofrimento, tornando-se protagonistas de sua própria existência.

IGOR SANTOS Acredito que "nunca antes na história deste país", como dissera certa feita uma figura de nossa história política, vivenciamos uma "era da liberdade" como atualmente se vive. Somos, hoje, muito mais livres do que já fomos noutros tempos. Porém, nunca também consumimos tanto antidepressivos para nos ajudar a suportar as angústias que a tal liberdade nos proporciona. A liberdade, e com ela o nosso direito de escolhas, se tornam, nesse sentido, ao mesmo tempo, nosso céu e nosso inferno. Ser livre dá muito trabalho. Por isso, em épocas passadas, já preferimos, consciente ou inconscientemente, abrir mão de nossas liberdades para nos submetermos aos mandos de outrem. Lembro-me, aqui, do belíssimo livro *Discurso da servidão voluntária*, do francês **Etienne de La Boétie**.

La Boétie, ao analisar os aspectos políticos do seu tempo, século XVI, se questionara por que os homens aceitavam a servidão e se submetiam ao poder de um único indivíduo, por ele chamado de tirano. Dizia que sendo os servos milhares de indivíduos e o tirano apenas um, seria fácil romper com o estado de servidão. Entretanto, não era isso o que acontecia.

Para além de toda a argumentação levantada por Etienne de La Boétie, sobre a qual não irei me prolongar nesta conversa, o que vale destacar aqui é que, em muitos momentos, na condição de serventes, delegamos a outros o nosso poder de escolha e isso, incrivelmente e paradoxalmente, pode representar um alívio, pois quanto mais livres, mais abertos às escolhas. E quanto mais abertos às escolhas, mais consumidores de Prozac (Fluoxetina).

JOSÉ RICARDO Interessante essa questão, Igor, e ela nos remete a um dos episódios mais trágicos da história da humanidade, e já lembrado anteriormente: o holocausto de judeus na Segunda Guerra Mundial. Alguns se perguntam por que os judeus aceitaram com tanta passividade o destino que o nazismo lhes condenou, embora, como sabemos, houve episódios de resistência. O fato é que muitas pessoas acreditam numa espécie de ordem natural que determina o fluxo dos acontecimentos e o rumo de suas próprias vidas. Talvez haja aí certo conformismo e uma convicção (talvez possamos chamar de esperança) de que nessa ordem natural castigos e recompensas já estejam determinados, e o que se passa aqui e agora será compensado em outro momento ou mesmo numa outra vida. Muitos desses tiranos aos quais se refere Etienne de La Boétie se amparavam não somente na força das armas, mas também na força dos costumes, das tradições e das crenças de que eles eram ungidos por um deus ou deuses. Mas também concordo com você que é mais fácil para a grande maioria seguir a decisão de outrem, nos poupando do incômodo de decidir por nós mesmos. Acho que esse sentimento é tão mais presente quanto mais grave for a decisão.

MAÍRA BARROSO O título deste capítulo me faz lembrar, instantaneamente, do importantíssimo livro *Extravios do desejo: depressão e melancolia* do psiquiatra e psicanalista brasileiro **Antônio Quinet**. Nele, o autor nos conta que a tristeza é o afeto correlato à dor de existir em suas mais diversas gradações.

Existir pode vir a ser doloroso na medida em que ficamos ou nos tornamos impossibilitados de lidar com as inevitáveis adversidades da vida. Para vivermos em comunidade, renunciamos ou adiamos a maior parte de nossas satisfações, pois nem sempre alcançamos aquilo o que desejamos no momento e da maneira como desejamos. Ao optarmos por determinada coisa, automaticamente abrimos mão de outra, e não se pode ter tudo – mesmo que a atual cultura do consumo nos faça acreditar que sim! A nós, seres humanos, falta saber a verdade sobre a nossa origem e sobre a nossa finitude e, quando os sentidos atribuídos à existência são insuficientes ou vacilam, a vida pode ser verdadeiramente difícil de suportar.

Para a Organização Mundial da Saúde, a depressão é considerada "o mal do século" e a principal causa de afastamento das atividades de vida prática dos indivíduos afetados. Estima-se que 300 milhões de pessoas são diagnosticadas depressivas ou deprimidas no mundo – dado que nos impele a refletir: o que norteia tais práticas diagnósticas, ou qual a qualidade delas, para que tanta gente seja considerada deprimida? Tristeza, desânimo, frustração e angústia devem, necessariamente, ser considerados como depressão?

Recebo diariamente em meu consultório particular e no equipamento de Urgência em Saúde Mental Infantil aonde também trabalho, especialmente nos últimos dois anos, adolescentes e jovens adultos cada vez mais desvitalizados, silenciosos e isolados, mas nem sempre deprimidos.

Nos estados depressivos, perdemos a nossa potência de agir. Neles, o desejo de viver encontra-se extraviado, abolido. O filósofo holandês **Espinosa**, em *A Ética*, denomina *Conatus* a nossa força desejante de existir. Freud a chamou de *Eros* ou pulsão de vida. A geração ou juventude líquida, sintagma desenvolvido pelo sociólogo polonês **Zygmunt Bauman**, parece ser composta por indivíduos pouco resilientes, intolerantes a perdas e frustrações, e que rompem facilmente os laços com o desejo de viver, cedendo a *Tânatos* ou à pulsão de morte. A dor do vazio ou da perda de sentido para a existência é percebida como um excesso pelo psiquismo e deve, portanto, ser combatido. Quando já não se tem razões para viver, surgem os sintomas mais comuns da nossa juventude como, por exemplo, a drogadição, as automutilações e o autoextermínio. Todas elas, mas principalmente esta última, ma' e trema, são tentativas de fazer cessar a dor, a tristeza e ú ...

Mas a quem interessam os deprimidos? in que à *Big Pharma* e à sua lógica mercadológica: para ida transtorno mental, um fármaco. Ou seria, para cada fármaco descoberto, um novo transtorno mental descrito? Destaco, no entanto, um ponto necessário: não sou, em hipótese alguma, contrária à prescrição e ao uso de antidepressivos. Estes, como quaisquer outros psicofármacos, quando indicados de forma precisa e criteriosa, são extremamente eficazes e imprescindíveis para o alívio daqueles que sofrem e buscam por tratamento. A minha amostra de pacientes permite constatar que mais de 50% dos indivíduos entre 16 e 18 anos e entre 30 e 60 anos, usam adequadamente alguma classe de antidepressivo. Retomando a minha questão, não é impertinente considerar que existe certa tendência à idealização e conversão dos antidepressivos em espécies de "pílulas da felicidade" que, ao serem ingeridas de forma indiscriminada, tornam alguns indivíduos isentos de suas responsabilidades subjetivas.

Recordo aqui dois grandes autores: os psiquiatras e psicanalistas **Marcelo Veras** e **Agnès Aflalo** e suas ponderações recentes sobre os avanços da epigenética, da neurociência, da indústria farmacêutica, das novas diretrizes da psiquiatria moderna e a forma como a singularidade e o sofrimento humano passaram a ser tratados. Na corrida maluca pelo hedonismo – felicidade a qualquer custo ou ausência completa de frustrações – tendemos a recorrer aos psicofármacos.

A ideia de que a felicidade pode ser comprada em pequenas doses, apenas escancara a insuficiência dos recursos contemporâneos dos quais lançamos mão para tentarmos ser felizes. Cercados por toda ordem de ofertas de objetos a serem consumidos, vivemos a ilusão da plenitude ou completude. Perdemos o direito à tristeza ou ao luto sem que estes sejam patologizados ou medicalizados.

Do ponto de vista da psicanálise, o trabalho de escuta e acolhida dos entristecidos e deprimidos pode por em marcha tentativas de "bem-dizer" o sofrimento, convocando estes sujeitos a não recuar diante do desejo de vida. Como propõe Espinosa, é preciso passar da fraqueza à força de existir. Do meu ponto de vista, é preciso resgatar a tessitura dos fios da vida. E para os meus colegas de conversa, como a dimensão da tristeza dos nossos tempos se apresenta para vocês?

JOSÉ RICARDO Como sociólogo, fico pensando quais as características estruturais da sociedade que contribuem para esse quadro descrito por você, Maíra. Penso que o individualismo extremo e a ênfase na meritocracia são fatores relevantes para essa discussão. Há uma defasagem entre as pressões que todos nós sofremos para sermos considerados bem-sucedidos – seja na carreira, na família ou na vida em geral – e as reais possibilidades de conquistarmos o que a sociedade demanda. Nossa integração depende do padrão de consumo que alcançamos, do nosso destaque como profissionais e do status social adquirido. Como o nível de cobrança é alto, e como não há lugar para todo mundo no topo, a frustração e a queda da autoestima são estimuladas e quase inevitáveis. Em sociedades em que a posição social do indivíduo era vista como resultante de uma ordem natural imutável – como nas sociedades baseadas na divisão estamental, como a feudal, ou de castas, como no hinduísmo –, sociedades nas quais a mobilidade social não se colocava como um objetivo de vida, acredito que esses problemas descritos não se manifestavam, ou então se manifestavam com menor abrangência e intensidade do que o que vemos hoje. Assim, estamos discutindo um problema que está na confluência de fatores psicológicos e sociológicos: os valores dominantes das sociedades modernas desencadeiam processos psicológicos de angústia e depressão.

Mas apenas para criar um pouco de polêmica, vale lembrar que a sociologia clássica, na obra de **Durkheim**, nos oferece uma visão relacionada a este tema que dispensa considerações de natureza psicológica. O sociólogo francês teorizou sobre o fenômeno do suicídio, argumentando que nas sociedades modernas, onde o individualismo é mais forte, com o consequente enfraquecimento da consciência coletiva, predomina um tipo de suicídio que ele chamou de suicídio egoísta. Esse tipo é caracterizado pela perda das referências coletivas por parte do indivíduo devido a um processo crescente de individualização resultante da expansão da divisão do trabalho. Quanto mais diferenciados nos tornamos, quanto mais se fortalece nossa consciência individual, maior a possibilidade de que ocorra uma alienação do indivíduo com relação ao grupo, isto é, o enfraquecimento dos laços que o mantém ligado à sociedade. Assim, o suicídio é tratado como fenômeno eminentemente social, o que aceitaria a inferência de que esses males do mundo moderno sobre os quais estamos discutindo também poderiam ser explicados da mesma forma, tese que, certamente, não agradaria aos psicólogos.

IGOR SANTOS Quando reflito sobre essa questão busco estabelecer uma distinção que julgo necessária entre a depressão enquanto uma doença, isto é, uma patologia que requer atenção, cuidados e tratamentos sérios, específicos e com profissionais bem capacitados, e a tristeza que tem a ver mais com um estágio, ou, se preferirem, um período, no qual a nossa vontade de existir ou a capacidade de vislumbrar a realidade de maneira menos hostil encontra-se ofuscada por algo momentâneo. Nesse ponto, assim como a Maíra mencionou Espinoza e Freud, eu também evocaria Nietzsche com a sua "vontade de poder", que, segundo ele, seria uma força motriz que é capaz de impulsionar cada ser e elemento da natureza. Quando de sua ausência, a letargia adquire a sua forma e contamina os espaços nos quais se encontra.

Sendo assim, e tomando esse conceito de Nietzsche como referência, poderíamos pensar que a grande diferença, portanto, entre depressão e tristeza, é que a primeira pode se definir como enfraquecimento da vontade de poder que excede algo circunstancial, e a segunda se relaciona à diminuição da vontade de poder circunscrita à circunstância.

Seguindo essa linha de raciocínio, iniciaria uma reflexão com a observação que visa relativizar a perspectiva defendida pela OMS, a de classificar a depressão como o "mal do século".

Tenho minhas dúvidas (e não são poucas) de que a depressão seja, de fato, o "mal do século". Já ouvi isso inúmeras vezes e sempre questiono: seria, a depressão, realmente, "o mal do século", ou essa informação representa tão somente mais um aspecto do nosso narciso dizendo que aquilo que estamos vivendo é mais importante do que aquilo que já fora vivido por outros, noutros tempos? Talvez, como já falamos anteriormente, essa fala também reproduza aquele pensamento de que *"no meu tempo as coisas eram diferentes"*, ou mesmo explicita de outra forma a exacerbação do "eu" que tanto caracteriza os tempos atuais.

O termo *depressão* fora utilizado pela primeira vez no século XVII e relacionado à palavra *desânimo*. Antes desse período, porém, as características que hoje conhecemos como sintomas depressivos estavam associadas à expressão *melancolia*, ainda em uso nos dias atuais.

Os gregos antigos, como defensores da máxima "mente sã, corpo são", já identificavam a melancolia como um fato presente no seu tempo e buscavam, com a filosofia, soluções para esse problema. **Hipócrates**, por exemplo, considerado como um dos pais da medicina, já reconhecia que a melancolia poderia surgir de aspectos internos e do ambiente. Sócrates, o fundador da filosofia ocidental, como já dito, e **Platão**, seu discípulo, acreditavam que a melancolia seria uma das características que requeriam um acompanhamento de caráter filosófico, não médico. **Aristóteles** atribuía à melancolia um princípio comum à genialidade. Para ele, homens muito distintos, elevados em pensamento, tendiam a apresentar características melancólicas.

Durante a Idade Média, a melancolia estava relacionada, assim como praticamente tudo naquele período, à ideia de pecado. Os medievais pensavam que os melancólicos, privados da alegria de viver, considerada por eles como um presente de Deus para os homens, estavam afastados do Criador e, portanto, da salvação. **Santo Agostinho** dizia que a razão é o princípio que distingue o homem dos outros animais. Sendo assim, aqueles que, por qualquer motivo, houvera tido prejuízo em suas faculdades mentais foram compreendidos como seres castigados por Deus. O cristianismo, nesse sentido e nesse contexto, fizera muito mal aos indivíduos melancólicos.

No final do século XV e início do XVI, no período histórico tradicionalmente conhecido como Renascimento, a melancolia voltou a ter traços de genialidade. Uma alma criativa, naquele contexto, seria uma alma inquieta e essa inquietude, não raro, vinha acompanhada de melancolia. O humanista **Marsílio Ficino** acreditava que a melancolia fazia parte daqueles que ansiavam pelo grande e pelo eterno. Princípio compartilhado por um dos maiores dramaturgos de todos os tempos, **William Shakespeare**, autor do clássico *Hamlet*, escrito entre finais do século XVI e início do XVII. Shakespeare pode ser inserido entre um dos representantes da máxima "melancolia em prol da genialidade".

Na chamada "Era da Razão", ao longo do século XVIII, época do aprofundamento de estudos sobre o corpo e a mente humana, aos melancólicos reservaram-se a execração e os maus tratos. Eles foram, mais uma vez, marginalizados pelo contexto e alguns homens da época chegaram mesmo ao extremo de sugerir, aos debilitados mentalmente, a dor física como estratégia para livrá-los dos sofrimentos mentais. Ou seja, ironica e paradoxalmente, fora durante a "Era da Razão" que os desprovidos dela mais sofreram.

No século XIX, as coisas voltaram a se restabelecer para os melancólicos. A melancolia reassume traços presentes em indivíduos com pensamentos elevados e, além disso, surgem concepções mais humanitárias envolvendo os asilos de tratamentos para doentes psiquiátricos, uma das revoluções no tratamento dos doentes mentais. E uma enorme contribuição dada por **Philippe Pinel**.

Agora, o século XX representou algo, no mínimo, curioso a respeito da depressão enquanto patologia. Surgiram, com Freud, a vertente psicanalítica e com **Emil Kraepelin**, uma abordagem centrada na bioquímica. Nesse contexto, os diálogos e desacordos foram inúmeros, atravessaram o século XX, fizeram com que surgissem, a partir de 1950, os famosos antidepressivos e legaram ao século XXI uma verdade que se constituiu na soma e na adaptação desses dois modelos interpretativos. Isto é, hoje já vislumbramos a depressão enquanto resultado e resultante de aspectos físicos (bioquímicos) e psíquicos (como quisera Freud), e, em última instância, recuperamos pressupostos que circularam entre os pensadores gregos há quase 2.500 anos atrás, quando Hipócrates também já defendia, modernamente para a sua época, essa relação entre corpo e mente.

No que diz respeito à tristeza, penso que essa, sim, tem sido uma das características mais marcantes dos tempos atuais e afetado, principalmente, os jovens.

Na função de professor e, principalmente, na de coordenador pedagógico, lido diariamente com inúmeros casos de adolescentes que, por razões variadas (e normalmente menos dramáticas do que eles de fato apresentam-nas para mim), tentam me fazer acreditar que suas vidas estão acabando devido a fatos como: desatenção oferecida por algum professor (às vezes apenas existente na cabeça do aluno); término de relacionamentos amorosos que, até o seu rompimento, tinham características que se aproximavam daquelas histórias de casais apaixonados, predestinados e que viveriam "felizes para sempre"; notas baixas que se transformam numa espécie de juízo final (já com a sentença de condenação proferida) para o estudante, enfim... inúmeras situações que, em tempos atrás, apesar de também poder causar imensa tristeza entre os jovens, eram mais bem administradas por eles. Há, não restam dúvidas, uma maior dificuldade dos jovens de hoje em lidar com pequenas frustrações ou com circunstâncias que, antes, apenas serviriam para calejá-los para grandes tristezas. Era, como diziam os mais velhos (e alguns mais novos), "a escola da vida", aquela que ensinava por meio de pedagogias mais duras e com poucas possibilidades para o diálogo.

O que vale destacar, contudo, é que são esses casos que têm oferecido aos jovens riscos que os fazem passar de tristeza circunstancial à depressão em si. Nesse ponto, pode ocorrer um agravamento do caso e a prova disso são relatos e experiências de adolescentes que se automutilam e chegam mesmo a tentar o suicídio para aliviarem as suas dores existenciais surgidas nesses pequenos (para eles, não tão pequenos assim) conflitos.

Não entrando mais uma vez na temática da depressão, que a Maíra já destacou e que eu procurei traçar o seu percurso ao longo de nossa história, acredito, assim como o José Ricardo, que parte significativa das frustrações atuais, o que vale tanto para os mais jovens quanto para os mais velhos, deve-se às angústias e lamentações que surgem do fato de que muitos dos discursos presentes no século XXI nos fazem crer que todos, quase sem distinção e exceção, nascemos para ser felizes, bem sucedidos, livres de dores e sofrimentos, porém nenhum desses produtos pode ser entregue com o devido selo de garantia.

Uma grande questão, porém, e aqui reconheço que se trata mais de uma opinião subjetiva e menos de uma argumentação histórica, é que as frustrações atuais são mais difíceis de serem administradas pelos nossos jovens. Reconheço que não possuo embasamento empírico para essa assertiva e que ela apenas representa caraterísticas observáveis, porém a partir de outro lugar de fala e pensamento. Mas, ao menos em minha realidade, é fato que os mais velhos sabem (ou souberam) lidar, com mais tranquilidade pelo menos, com os "nãos" recebidos ao longo de suas vidas e que os jovens já "torcem o nariz" caso não sejam contemplados com os "sins" tão aguardados. Isso, de fato, pode trazer consequências, e com frequência já o fazem.

MAÍRA BARROSO Retomando a temática do suicídio, Igor e José Ricardo, a Organização Mundial da Saúde (OMS) estima que 800 mil pessoas tiram a própria vida por ano no mundo, o que torna a questão um problema de saúde pública. Entre os jovens de 15 a 29 anos de todo o mundo, o suicídio é a segunda principal causa de morte. No Brasil, a Secretaria de Vigilância em Saúde, do Ministério da Saúde, traçou o perfil epidemiológico das tentativas e óbitos por suicídio: entre os anos de 2011 e 2016, o número de lesões autoprovocadas aumentou 210% entre homens e mulheres com faixa etária entre 10 e 39 anos. Surpreendentemente, a população indígena brasileira de 10 a 19 anos se mata duas vezes mais do que a população branca e negra da mesma faixa etária, o que nos leva a pensar como a segregação, a falta de acesso a direitos básicos e a incidência do uso de substâncias psicoativas nesta população contribui para a sua morte.

Lesões autoprovocadas e tentativas de suicídio são fenômenos complexos e multicausais cujos fatores determinantes não são apenas sociais, mas também históricos, culturais, econômicos, biológicos e psíquicos. Generalizações e concepções reducionistas a respeito da temática pouco favorecem a sua prevenção e impedem que indivíduos busquem ajuda médica e psicológica, evitando mortes. Falar sobre o suicídio de forma responsável ajuda na sua prevenção.

No Brasil, a portaria do Ministério da Saúde nº 1.271 do ano de 2014, institui a tentativa de suicídio como um agravo de notificação obrigatória e imediata pelos serviços de saúde públicos e privados, devendo a vítima receber cuidados médicos e psicossociais emergenciais em até 24 horas.

Arrisco-me a compartilhar a minha experiência clínica. A saída contrária à brutalidade de interromper a vida só pode se dar naquilo que chamei no capítulo "Tempos tristes em que vivemos" de "retomar a tessitura dos fios da vida", e isso cada um o fará à sua maneira desde que conte com ajuda profissional. Muitos adolescentes atendidos por mim, tanto na saúde pública quanto no consultório puderam, a partir da escuta ofertada, tecer fios com a arte e a escrita, por exemplo, para elaborarem ou ressignificarem o seu sofrimento e a sua existência, estancando as ideações de morte. Alguns chegaram, inclusive, a usar a Internet como forma de manutenção da própria vida e da de outros adolescentes a partir do compartilhamento não destrutivo de suas experiências, criando redes de suporte, apoio e encaminhamentos para tratamentos diversos. No entanto, no trabalho de enfrentamento e prevenção ao suicídio não podemos nos furtar à construção de estratégias que sejam coletivas e todos – família, amigos, escola, profissionais de diversas áreas e diferentes esferas do governo –, podem (e devem!) contribuir.

INTERNET: PONTOS PARA UMA DISCUSSÃO NECESSÁRIA

IGOR SANTOS A arte de navegar é milenar. Povos da antiguidade já se deslocavam de um lado para o outro levando e trazendo mercadorias, ideias, sentimentos, culturas, gostos, enfim, levavam, para onde quer que fossem, as suas maneiras de pensar e as suas formas de viver. Nossos antepassados utilizaram a navegação para fins bélicos também. Como meios de se "descobrir novos mundos", formas de acumulação de capital, dentre outras possibilidades. O fato que quero pontuar aqui é que, desde tempos remotos, o ser humano navega para algum lugar e com algum propósito. A relação entre navegação e propósito, portanto, é o que busco nesta minha fala.

Navegar exige, dos tripulantes, uma série de conhecimentos técnicos, métodos precisos, preparos (físico e psicológico), instrumentos de navegação e, principalmente, um objetivo final. É óbvio que muitos desses recursos, hoje considerados indispensáveis para uma navegação segura, sequer existiam em tempos antigos. Muitos navegantes foram durante milhares de anos aventureiros que saíam de seus locais de origem sem saber se alcançariam seus destinos e, alcançando-os (por milagres dos deuses, muitas vezes, como pensavam), não retornavam para as suas casas, isto é, perdiam-se pelo caminho, o que pode significar desde a perda em seu sentido literal, à perda enquanto morte, tomando um sentido drástico.

Entretanto, ainda que não possuíssem recursos técnicos sofisticados, às vezes tampouco se muniam de alimentaçao necessária para o traslado, que também poderia ser um trajeto obscuro, totalmente desconhecido ou apenas incerto, nossos tataravós possuíam os seus objetivos, seus propósitos, e por eles eram guiados.

Certa vez, assistindo a uma entrevista do filósofo **Mario Sérgio Cortella**, em um determinado momento, quando se discutia a respeito do uso da Internet nos dias atuais, ele dissera que muitos navegavam na Internet e que outros tantos, sem muito saber o que procuravam e como o faziam, somente naufragavam na rede. Isto é, em sua fala, Cortella chamava a atenção para o mau uso da Internet, aquele uso indiscriminado, sem critérios, em que o navegante (sujeito) utiliza o navegador (página da Internet) para se afogar, ou melhor, naufragar, em meio a milhares e milhares de informações. Achei essa analogia brilhante e, desde então, passei a utilizá-la em minhas falas e em sala de aula, com meus alunos. É uma excelente oportunidade para se debater acerca de navegação, propósito, critérios, dentre outras possibilidades.

Vocês conseguem ver essa possibilidade de associação entre navegação e naufrágio na rede virtual? O que pensam a esse respeito?

MAÍRA BARROSO Sim, Igor. É consenso entre nós que o ato de navegar na Internet está incorporado em nossas rotinas em quase 100% dos lugares do mundo. Assim como acordar, fazer uma refeição ou dirigir até o trabalho, o uso da *net* ocupa uma porção considerável do nosso tempo.

E por que discutir sobre as relações digitais tornou-se tão necessário?

Você, caro leitor, já contabilizou quantas horas por dia passa no celular ou no computador, acessando conteúdos, trabalhando, se comunicando ou buscando entretenimento? Você alguma vez já se sentiu incomodado, como se faltasse uma parte do seu corpo, por ter esquecido o celular em casa? Há, hoje em dia, quem sequer se lembre dos números de telefone de pessoas próximas, o que demonstra que a nossa memória adquiriu uma dimensão externa. Passamos da utilidade, à comodidade e dependência. O psicanalista argentino **Alfredo Jerusalinsky** ousou brincar com a evolução ou passagem do *Homo Sapiens* ao *Homo Web* neste novo século.

O livro *Intoxicações eletrônicas: o sujeito na era das relações virtuais*, organizado pelas psicanalistas brasileiras **Julieta Jerusalinsky** e **Ângela Baptista**, traz como um dos pontos de discussão a velocidade com a qual somos expostos a imagens e conteúdos que saturam o nosso sistema perceptivo, nos exaurindo e suprimindo o tempo necessário à compreensão daquilo a que tivemos acesso: é preciso um intervalo entre o instante de ver e o momento de concluir. Por isso, a disseminação das chamadas *fake news* se dá de forma tão instantânea: aí, não há nenhuma possibilidade de pausa, questionamento ou de apuração da veracidade dos fatos, apenas a sua visualização e o seu rápido compartilhamento.

O norte americano Chris Dancy, de 51 anos, me parece um bom exemplo de sujeito "intoxicado" pela tecnologia. Em uma entrevista dada à *BBC Mundo* em abril de 2017, Dancy afirmou que há uma década dispõe de aproximadamente setecentos sistemas e aplicativos, além de onze dispositivos acoplados em seu corpo (*wearables*, "dispositivos para vestir"), com a finalidade de gravar e monitorar cada segundo de sua vida. Estes aparatos medem desde os seus batimentos cardíacos, sua pressão sanguínea e sua temperatura corporal, à quantidade de oxigênio disponível no ambiente em que ele está. Seu carro, o sistema de segurança e até as lâmpadas de seu apartamento são conectados à Internet. A partir daí, ele codifica e converte em dados estatísticos seus padrões fisiológicos e de comportamento. Dancy parece viver em função destes cálculos e se considera o humano mais conectado do mundo, esbanjando um estilo de vida super controlado. O "*ciborgue americano*", como ficou conhecido, pretende ainda publicar um livro chamado *Felicidade digital*. As novas tecnologias parecem instrumentalizar as novas formas de compulsão, ou neo-compulsões, termo que aprecio.

O comércio e a implantação de microchips no corpo humano que visam substituir documentos de identidade, cartões de crédito e chaves de automóveis, por exemplo, tornou-se uma realidade neste século. Tal feito vem sendo desenvolvido em alguns países por aqueles que se intitulam *biohackers*, e a aquisição deste tipo de tecnologia pode ser feita pela Internet sem nenhum tipo de fiscalização.

A saturação do nosso sistema perceptivo, mencionada anteriormente, provocada pelo uso excessivo dos aparatos digitais, desgasta a nossa atenção e instaura, assim, a *cultura do déficit de atenção*, diagnóstico considerado não mais apenas individualmente, mas social e culturalmente. Nos tornamos uma população acelerada, excitada, inquieta, insone. Não é incomum ouvir no consultório relatos de famílias de crianças que ganharam o seu primeiro celular aos 5 ou 8 anos de idade. Nós, adultos, fabricamos crianças hiperativas, ansiosas, impacientes e intolerantes, e adolescentes que não sabem o que fazer com seus corpos e afetos se estiverem desconectados de seus aparelhos e do mundo virtual.

Compartilho, não sem espanto, uma lembrança recente: a primeira vez que me deparei com a imagem em um site de um homem experimentando um simulador de realidade virtual. Na época, me dedicava ao estudo do autismo em meu Mestrado e, ao ver aquela foto, só conseguia pensar na clausura digital e no aprisionamento corporal que aquela máquina parecia causar. Completamente vendado e sem poder enxergar absolutamente nada ao seu redor, pois os "óculos" (que não permitem ver através de suas lentes, devido ao fato de serem uma tela posicionada a poucos centímetros de distância dos olhos) se acoplam ao rosto como uma espécie de capacete. Temos, então, um cérebro bombardeado, inundado de sensações audiovisuais solitárias. As experiências de vida precisam ser mais do que explosões de sons e de *pixels* multicoloridos. É preciso poder falar, escutar e ser escutado, tocar, sentir o cheiro, e isso, essa espécie de autismo cibernético não pode nos proporcionar.

Um paciente de 16 anos, fluente em inglês, hiperestimulado pelas telas do videogame e do celular, se comunica por *chats* do mundo inteiro. Ironicamente, o seu jogo *on-line* preferido se chama *The Real Life*. Porém, na vida real de fato, é incapaz de comer sozinho, de cuidar da própria aparência, de seus hábitos fisiológicos e de se relacionar principalmente com outros adolescentes, estabelecendo raramente laços extremamente pueris e permanecendo catatônico diante do outro e de suas demandas.

Pois bem! Gostaria de lembrar aos navegantes da "Era Digital": o uso excessivo e inapropriado da Internet pode causar prejuízos à nossa saúde individual e coletiva.

Para as crianças e adolescentes do nosso país, a Sociedade Brasileira de Pediatria recomenda evitar, restringir e monitorar o tempo diante das telas para as diversas faixas etárias.

Na França, a lei que proíbe o uso de celulares e aparelhos eletrônicos nas escolas entrou em vigor em setembro de 2018, como havia prometido em campanha o presidente **Emmanuel Macron**. Ambas são tentativas de regular o uso da tecnologia por crianças e adolescentes.

Ao navegar na Internet sem a supervisão dos pais, crianças e adolescentes podem estar expostos a pessoas e a conteúdos violentos e de autoagressão (como desafios que colocam suas vidas em risco – lembremo-nos de toda a repercussão em torno do jogo intitulado "*baleia azul*"), de exploração sexual e *cyberbullying*. A título de informação, também para os adultos, a dependência em Internet passará a ser considerada uma desordem mental de acordo com a intensidade do uso e a extensão dos prejuízos causados nas diversas esferas da vida dos indivíduos acometidos (trabalho, vida social e familiar, por exemplo) na décima primeira edição da Classificação Internacional das Doenças, a CID-11. Do ponto de vista da nossa saúde coletiva, não é surpreendente o fato de que o uso indevido do celular ao volante seja a terceira maior causa de acidentes de trânsito no Brasil. Navegar na Internet sem naufragar me parece ser o maior desafio do nosso século!

JOSÉ RICARDO   Navegar na Internet tornou-se um passatempo para muita gente. Há os que buscam informações para fins profissionais e escolares, é claro. Mas desconfio de que o que mais se busca seja a distração. É como aquele sujeito que folheava, tempos atrás, quando isso era mais comum do que hoje em dia, um jornal ou uma revista em busca de alguma matéria que lhe chamasse a atenção. A Internet está cheia de possibilidades para se adquirir conhecimento, mas penso que é a mera informação, aquela rápida e efêmera, o objetivo maior de quem navega diariamente na rede. Mas como o fenômeno é recente, penso que ainda serão necessários muitos estudos para sabermos mais acuradamente quais são os verdadeiros efeitos que essa tecnologia provoca no conjunto das relações sociais. A Internet tornou-se, sem dúvida, uma instância a mais de socialização e de sociabilidade. Este fato pode significar uma redefinição do papel das instituições tradicionais voltadas a estes fins, como a família, a escola, a mídia convencional e as igrejas. O que não sabemos ainda são os efeitos concretos produzidos por essa mudança: as produções ensaísticas sobre o tema ultrapassam em muito as pesquisas empíricas, pelo menos na Sociologia. De qualquer forma, toda tecnologia apresenta uma ambivalência, aspectos positivos e negativos: assim como a Internet possibilita aproximações de pessoas e culturas, aumenta a agilidade e a eficiência em processos de trabalho e torna a informação e o conhecimento mais acessíveis, ela também, como sabemos, facilita ações criminosas de diferentes tipos: pedofilia, invasão de privacidade, golpes financeiros e outros. Penso que ainda estamos aprendendo a lidar com esta ferramenta e que ela, por si só, não pode ser, *a priori*, caracterizada como positiva ou negativa. Esta avaliação deverá estar circunscrita à sua utilização, como vimos. Para isso não podemos dispensar considerações éticas e visões críticas do fenômeno, analisando seus prós e contras.

As Redes Sociais e a Liquidez dos Tempos Atuais

MAÍRA BARROSO Conversando um pouco mais a respeito da Internet, vale ressaltar que o seu surgimento, certamente, marca um antes e um depois na história da nossa comunicação e das nossas modalidades de relação. Com a sua popularização, nasceram as primeiras redes sociais, dispositivos que reúnem milhões de usuários visando o compartilhamento de informações que antes não eram publicizadas. Graças à Internet, temos ao alcance da palma das mãos um universo inteiro de informações pronto para ser acessado bastando apenas alguns *cliques*.

Não podemos refutar o fato de que a vida se tornou mais fácil e até mais confortável com a chegada e a evolução desta ferramenta. A Internet diminuiu distâncias, aproximando e conectando, em tempo real, indivíduos ao redor do mundo, lhes apresentando novos formatos e possibilidades de interação. Há quem a utilize de forma ética e cuidadosa, como já dito, produzindo, acessando e difundindo conteúdos úteis e apropriados, e aqueles que são capturados pelos conteúdos ilícitos das profundezas da *web*. Cada sujeito faz um uso particular da tecnologia, e isso não se dá sem efeitos e sem impactos na subjetividade dos indivíduos e também na vida em comunidade.

Hiperconectados, pensamos ter companhia em tempo integral. Acreditamos estar seguros e protegidos quando, na verdade, estamos mais solitários, individualistas e expostos do que nunca! Navegar na Internet deixa rastros e estas "pegadas digitais" se transformam em algoritmos capazes de determinar, por exemplo, o nosso perfil de consumo.

Na chamada pós-modernidade, o afeto e o laço social passaram a ser regulados pelo número de *views* e de *likes* recebidos. Parafraseando o clássico *O pequeno príncipe*, de **Antoine de Saint'Exupéry**, "tu te tornas eternamente responsável por aquilo que compartilhas" e os conteúdos *viralizam* na mesma velocidade em que são esquecidos e substituídos.

Como afirma o sociólogo e filósofo **Baudrillard** em *A sociedade de consumo*, vivemos uma espécie de exacerbação das relações de consumo, criada pela multiplicação da oferta dos objetos *gadgets*. Assim, os indivíduos não se cercam mais de outros indivíduos e sim de aparelhos eletrônicos portáteis que rapidamente caem em desuso e perdem seu valor de troca.

A partir do momento em que nos desinteressamos ou nos esquivamos do convívio com os nossos semelhantes, vivenciamos a deterioração dos laços sociais. Experienciamos um empuxo ao prazer solitário extraído dos nossos objetos e a ilusão de completude e satisfação proporcionada por eles. Quem nunca presenciou uma roda de amigos em um bar aonde todos interagem apenas com seus *smartphones*?

IGOR SANTOS Sobre as redes sociais, e para além do que já foi destacado, penso que o seu grande feito (para o bem e para o mal) tenha sido levar para o espaço público o que, antes, se reservava ao campo do privado. Assim como você, Maíra, reconheço que seja difícil, hoje em dia, alguém não querer ser notado pelo outro. Mas é também impressionante o poder que a tal visibilidade tem e confere àqueles que se veem populares na rede. E, neste aspecto, tanto faz se for uma popularidade no sentido da fama, uma espécie de celebridade, ou apenas uma popularidade entre os amigos mesmo. A questão é, sempre, que o dono do *post* quer ser visto.

Nos dias atuais, esse desejo pela visibilidade tem sido tamanho que, em muitos momentos, beira a insanidade. Já soube de casos de mortes de pessoas que se arriscaram escalando determinados lugares para que pudessem tirar "aquela foto", ou, como se diz, "aquela '*selfie*'". Se pararmos para refletir sobre a própria palavra "*selfie*", inclusive, perceberemos que ela por si só já é sugestiva, pois é extraída da expressão inglesa "*self*", significando "da própria pessoa". Pegando esse significado, costumo dizer que "*selfie*" expressa algo que, para mim, é inédito: o orgulho do indivíduo por exacerbar o primeiro pecado da história da humanidade, segundo a tradição cristã, que é a vaidade. Sim, estamos orgulhosos por sermos vaidosos e, mais do que isso, estamos espalhando, aos quatro quantos, nosso desejo e encanto de sê-lo e externá-lo.

Essa tendência atual de superexposição tem alcançado quase todos os aspectos da vida das pessoas, fazendo com que elas sintam o desejo de compartilhar momentos que, a princípio, interessariam apenas aos protagonistas dos fatos. Apenas como forma ilustrativa, permitam-me recorrer a um exemplo estritamente pessoal: venho, há algum tempo, refletindo sobre o uso que eu faço das redes sociais e, por essa razão, também tenho postado cada vez menos fotos pessoais. Uma pergunta que me faço atualmente, com relativa frequência, é: qual seria a relevância social, a ponto de merecer uma postagem o fato de eu ir (acompanhado ou sozinho) a um restaurante, comer determinada comida, frequentar x ou y estabelecimento, etc.? Ou, dito de outra forma, por que eu deveria postar o meu momento? Por qual razão imagino que os meus "amigos" gostariam ou deveriam ver aquilo que estou vivendo e/ou fazendo? Enfim... trata-se de uma reflexão pessoal, como já disse, desprovida de julgamentos morais (ou seja, não se trata, definitivamente, de dizer contra ou a favor de pessoas que agem diferentemente) mas não deixa de ser sintomático, uma vez que tem sido notória a percepção de muitas pessoas que, em busca das postagens perfeitas, têm criado a falsa ilusão de achar que a vida deva ser uma espécie de felicidade contínua e sempre passível de ser publicizada.

Vale destacar ainda a curiosidade do fato de que esse "jogo de publicização", como o chamarei aqui, tem sido capaz de influenciar até mesmo a forma de percepção dos fatos e de seus significados entre os sujeitos. Não é mais incomum ou raro as pessoas confundirem *momentos vividos* com *fatos registrados*. Inclusive acreditando que quando não se registra o fato, não se vive o momento. Sugiro até uma adaptação de antigos adágios. Que tal esse: "compartilha por onde andas, e te direi quem és".

Descontração à parte, percebam o quanto essa necessidade de publicização tem se tornado cada vez mais frequente e regido inúmeros momentos de diversas e distintas pessoas.

Trata-se, nos dias atuais, quase que de uma necessidade absoluta, uma vez que esse fato, mais do que uma espécie de registros para recordações, tem se tornado uma exigência de se comprovar (para expor) o que se faz, com quem ou onde está. Lembremo-nos das opções de marcarmos nossas localizações nas redes sociais, ou fazermos *check-in,* se preferir. Essa tem sido uma tendência e (quiçá) uma forma taxativa de selecionar os momentos e as maneiras como eles serão lembrados na posteridade. Em história, chamamos isso de *memória,* ou seja, o registro selecionado, com intencionalidades particulares que servirão, em tempos futuros, para se dizer e se preservar as formas, maneiras e condições pelas quais algo será lembrado.

Mas, dito tudo isso, tenho uma hipótese e gostaria de ouvir, mais uma vez, a opinião da psicologia sobre o fato e, na sequência, propor uma problemática. Penso que as regras deste "jogo de publicização" que, direta e indiretamente, foram ditas até aqui, tenham a ver com a histórica e humana necessidade de se livrar do vazio existencial. Vivemos tempos solitários. Estamos sempre sozinhos, ainda que acompanhados em diversos momentos. Não se olha mais no rosto de alguém no momento de uma conversa. Sequer temos conversado ultimamente. Quando digo isso, refiro-me àquela conversa na qual dedicamos parte do nosso tempo a outra pessoa, sem a pretensão de ter razão. E isso se deve não necessariamente ao desinteresse pelo outro (ainda que este também ocupe um papel importante hoje em dia), mas também devido ao nosso próprio estilo (corrido) de vida. Para escapar dos tormentos do anonimato e da solidão, a sociedade atual tem tentado gritar, aos quatro cantos, que ela existe e que a sua vida, o seu cotidiano e os seus afazeres são relevantes para todos, daí a exposição necessária, como disse, na rede. Essa é a hipótese.

A problemática seria: como entender toda esta dinâmica das redes sociais no campo relacional e/ou afetivo?

MAÍRA BARROSO Antes de responder à sua pergunta, Igor, a título de curiosidade, no recomendadíssimo e recém publicado livro *Selfie, logo existo* de Marcelo Veras, encontramos o seguinte dado: *selfie* foi eleita a palavra do ano de 2013 pelo Dicionário Oxford. "No mundo atual, sempre que precisar de alguém para olhar para você, o encontrará no final de seus braços." Além de incentivar a indústria dos *smartphones*, a *selfie* torna possível encontrar o olhar e a aprovação a um braço de distância, sem ao menos precisarmos de outra pessoa para isso. Sobre a exposição da própria imagem nas redes sociais, o que está em jogo é o total declínio da privacidade.

Já o afeto, na pós-modernidade, ganhou uma nova representação por meio do uso de *emojis* e passou a ser regulado pelo número de *views* e de *likes* recebidos nas redes sociais.

O documentário *Darknet* (Rede sombria), lançado em duas temporadas, nos anos de 2016 e 2017, explora o universo oculto da Internet e suas infindáveis possibilidades.

Um dos episódios intitulado *"Crush"* nos mostra três casos de relações amorosas em diferentes formatos e em diferentes países do mundo. O casal Drew e Kristie vive uma relação consensual de submissão e dominação digital à distância. Ambos vivem nos EUA, mas em estados distintos, e Kristie pode do seu *iPhone* ou *laptop* monitorar e controlar a localização de Drew, recebendo um alerta a cada vez que ele sai de casa ou chega do trabalho. Além disso, Drew consente em usar uma espécie de cinto de castidade, que deve ser mostrado pela câmera do celular sempre que solicitado por sua parceira.

A jovem americana Anisha teve fotos íntimas suas divulgadas em mais de 2 mil sites pornográficos após romper com o namorado. Além disso, seu nome completo, telefone e endereço foram divulgados em sites de prostituição pelo ex-companheiro, o que configura um tipo de crime cibernético chamado *Revenge Porn*. Estima-se que 84% das vítimas deste tipo de exposição são mulheres e os perpetradores, seus parceiros ou ex-parceiros.

No Japão, vive-se, atualmente, a maior crise de natalidade de todos os tempos. Isto porque cresce de forma vertiginosa o número de pessoas que optam por configurações amorosas alternativas e um tanto quanto bizarras.

Yusuke, um jovem rapaz, conheceu sua ex-namorada em uma festa de trabalho e após alguns meses de relacionamento, ela decidiu terminar. Há dois anos ele se relaciona com *Rinko Kobayakawa*, uma personagem de simulador de encontros chamado *LovePlus*, desenvolvido pela Nintendo. No Japão, *LovePlus* não é apenas um jogo. Um de seus usuários chegou a realizar uma festa de casamento real com o seu simulador. Atualmente, 36% dos homens japoneses entre 20 e 39 anos não querem um relacionamento com alguém de carne e osso. A recusa às relações reais é tamanha que eles se intitulam "*soushoku-kei*" que pode ser traduzido livremente para o português como "herbívoros". Existem ainda, clubes e grupos de encontro de dezenas de homens e suas Nintendo. Yusuke diz que "em um relacionamento real entre duas pessoas, se uma desiste da relação, então está acabado. Em um relacionamento virtual com um simulador, essa pessoa nunca irá te deixar. "Rinko é exatamente quem eu quero. Eu sempre a amarei e ela sempre me amará." O designer da franquia de simuladores de namoro a desenvolve baseado no que ele entende que os seres humanos esperam de um relacionamento. Ele mede, por meio de entrevistas e pesquisas de mercado, o quanto um ser humano deseja ser amado e reconhecido, e então oferece isso aos seus usuários pela módica quantia de 300 dólares.

Outro exemplo é o do fisioterapeuta viúvo Masayuki Ozaki, de 45 anos que divide sua casa com Mayu, uma boneca de silicone hiper-realista. Ozaki dedica-se aos seus cuidados, alegando que Mayu não é apenas uma boneca sexual, mas uma agradável e valorosa companhia. Certamente, Mayu não o deixará, não o contestará, não se queixará caso ele chegue tarde em casa ou deixe a toalha molhada em cima da cama.

O filme *Ela* (2015) também pode ser tomado como exemplo. Nele, o escritor solitário Theodore se apaixona por um sistema operacional (Samantha), em um futuro aonde não se pode conceber a existência do homem desconectado de suas máquinas.

Para finalizar, retomo mais uma vez o sociólogo Bauman e seu sintagma da liquidez dos tempos hipermodernos, ou do "mundo líquido", como ele o define. Recentemente uma paciente descrevia em sua sessão de análise, um aplicativo de relacionamentos cujo modelo é inspirado nas prateleiras de um supermercado. Os "produtos" (usuários) ficam expostos e são escolhidos pela "embalagem" (características pessoais). Caso o rótulo não agrade ao consumidor, ele é imediatamente descartado.

O *reality show* estadunidense *Catfish*, exibido no Brasil, é demonstrativo dos fracassos das relações amorosas constituídas no campo do anonimato e da falsificação das identidades virtuais.

Assim, os laços sociais tornam-se cada vez mais precários e menos duradouros. De (des) encontro em (des) encontro, provamos o sabor amargo do vazio afetivo. Testemunhamos, com frequência, a solidão dos novos tempos e a angústia da geração líquida, que tanto sofre e se queixa das mensagens *"visualizadas e não respondidas"*. Não deve ser à toa que *visualizar* foi a palavra do ano eleita pelo Dicionário Oxford em 2015. Padecemos da solidão em massa, uma nova forma de mal-estar na pós-modernidade.

JOSÉ RICARDO As novas tecnologias da comunicação vieram para ficar e apresentam muitos aspectos positivos que eu não vou repetir porque vocês já destacaram muito bem. Minha preocupação, nesse sentido, é que a incorporação dessas novas tecnologias acontece, não raro, de forma pouco criteriosa. Como professor universitário, tive a oportunidade de lecionar uma disciplina para um período inicial do curso de Ciências da Computação chamada "Computadores e Sociedade". Quando perguntei aos alunos quais possíveis críticas eles fariam a respeito das novas tecnologias de comunicação houve um significativo e preocupante silêncio. Eles simplesmente não conseguiam pensar que essas novas tecnologias sobre as quais tanto falamos hoje em dia, assim como qualquer outra coisa, possui, com já disse anteriormente, não apenas benefícios, mas, igualmente, malefícios, e que isso depende diretamente do uso que fazemos dela.

Reiterando acerca dos efeitos negativos, destacaria: o recrutamento de terroristas pelo Estado Islâmico, a disseminação da pornografia infantil, a formação de grupos que pregam racismo, homofobia e outras formas de chauvinismo, golpes e fraudes financeiras, discursos de ódio no campo da política, religião, futebol, as *fake news*, protagonistas quase que incontestes das últimas eleições presidenciais no nosso país (para todos os lados), etc. Tudo isso está presente nas redes sociais. Portanto, penso que se, por um lado, elas nos aproximam e permitem a troca de experiências, por outro, facilitam também as ações de criminosos e radicais. Assim, acredito que se deslocarmos os avanços tecnológicos do campo da reflexão ética, estaremos desconsiderando que a tecnologia é uma faca de dois gumes, que pode ser tanto útil ao homem quanto produzir grandes estragos; apenas como exemplo, lembremos que a energia nuclear pode ser usada na medicina, na produção de eletricidade e na fabricação de bombas atômicas. As tecnologias de comunicação não fogem à regra, e precisamos incorporá-las de uma forma mais crítica.

Quanto à observação do Igor sobre a questão da privacidade, acho interessante observar que um dos princípios mais elementares formadores do modelo de democracia moderna é o direito à privacidade, que estamos abrindo mão com uma enorme facilidade ao nos expormos nas redes sociais, inclusive com fotos íntimas, exemplo dramático e traumático, certamente, trazido pela Maíra. Cabe lembrar, também, do "Grande Irmão" (o *Big Brother*), que parece ter saído das páginas do romance *1984*, de **George Orwell**, e se tornado realidade. Fico assustado quando penso que nossas ações, preferências e dados pessoais estão sendo constantemente monitorados, como no recente escândalo do vazamento de dados no *Facebook*.

IGOR SANTOS Exatamente, José Ricardo. Completaria dizendo que estamos na rede, ainda que em alguns momentos (bem poucos, hoje em dia) estejamos *off-line*.

A DITADURA DA OPINIÃO

JOSÉ RICARDO O escritor italiano **Umberto Eco**, falecido recentemente, afirmou que a Internet deu voz a milhões de imbecis, opinião forte, sem dúvida. Observando as manifestações nas redes sociais, fico tentado a dar razão ao distinto escritor e me lembro sempre daquela máxima, muito conhecida entre nós, brasileiros, de que somos um país de duzentos milhões de treinadores de futebol, pois todo mundo pensa ser especialista no assunto. Tenho percebido que temos sido também um país de duzentos milhões de juristas, sociólogos, historiadores, médicos, economistas, psicólogos, cientistas políticos, etc. É incrível como pessoas sem nenhuma formação específica numa área de interesse geral opinam como se fossem uma sumidade no assunto. Vou ficar num único exemplo: o *impeachment* da ex-presidente **Dilma**. A maioria das pessoas que se manifestaram, na ocasião, ou que se manifestam, ainda hoje, sobre esse assunto nas redes sociais não sabe nada sobre as complexidades envolvidas na noção de *impeachment*, não sabe o que significa essa instituição, não sabe discernir entre a dimensão jurídica e a dimensão política do *impeachment*. No caso específico da Dilma, pouquíssimos técnicos têm conhecimento da Lei de Responsabilidade Fiscal, pouquíssimos sabem explicar o que são as tão mencionadas "pedaladas fiscais" e tampouco conhecem o cipoal de regras que regulam a ação do presidente no que se refere às questões da execução orçamentária. No entanto, mesmo com todo esse desconhecimento, as pessoas vociferam que foi golpe ou que não foi golpe ao sabor de suas preferências políticas, e os mais barulhentos e insistentes acabam formando uma tendência de opinião. Acho isso preocupante, mas não vejo como evitar que isso aconteça. É um dilema: a democracia implica liberdade de expressão, mas as pessoas deveriam saber discernir entre a opinião de verdadeiros especialistas e o "achismo". Infelizmente, o último é que me parece predominar.

IGOR SANTOS José Ricardo, esses "achismos", como você os chamou, estão tão arraigados na sociedade atual e, cada vez mais, tão legitimados pelos mecanismos de circulação rápida de informações, que são as redes sociais, que de fato, ouso afirmar, têm tomado o lugar de conhecimentos comprovados cientificamente.

É claro que devemos reconhecer que a ciência não é detentora da "verdade absoluta" e que, quando muito, ela a tem somente até o instante em que novas descobertas são feitas. Isto é, pelo fato de algo ter sido provado de uma forma, não significa que, sob novos experimentos, e, principalmente, sob novas metodologias, não se possa chegar a resultados diferentes dos anteriores. Isso é a ciência, algo que está sempre a mercê de novas e infinitas possibilidades.

Entretanto, o fato de muitas pessoas desconsiderarem as opiniões de estudiosos apenas porque o *Google* hoje lhes oferece informações sobre vários assuntos, antes inalcançáveis ao público não especialista, é realmente preocupante. Por isso, como exemplo, além do que você destacou, já é possível também ver, dentro da sala de aula, alunos que não trazem mais assuntos como curiosidades para um debate, mas, como verdades retiradas da Internet, sem comprovação e com aquiescência de muitos, e querem que elas passem como verdades absolutas. É de ficar surpreso quando se pega algumas redações feitas para o ENEM (Exame Nacional do Ensino Médio), que foram zeradas por ferirem os princípios dos Direitos Humanos, e que encontraram, como sustentáculos, opiniões ancoradas no senso comum, não raro com fundo preconceituoso, e que foi incorporada e reproduzida por estudantes. Há pouco tempo, eu diria que o mundo atual, felizmente, já não tolera muito isso, ainda que uma onda conservadora e, sobretudo, reacionária venha tentando restaurar muitos dos tabus que, com dificuldades, foram ou ainda estão sendo deixados para trás. Hoje, confesso, não me arriscaria com essa assertiva.

MAÍRA BARROSO   Eu falava, no capítulo "Internet: pontos para uma discussão necessária", porém sem me aprofundar, sobre o sofisma dos três tempos lógicos do sujeito descritos pelo psicanalista francês **Jacques Lacan** em seus *Escritos*: o instante de ver, o tempo de compreender e o momento de concluir. Lacan traz a dimensão da "certeza antecipada", que você, Igor, muito bem acaba de enfatizar.

Entre o instante em que vemos ou temos acesso a qualquer coisa do mundo e o momento em que tiramos uma ou mais conclusões sobre isso, faz-se necessário um intervalo, uma pausa, um tempo para a compreensão disso ou daquilo o que se vê. É comum anteciparmos ou precipitarmos as nossas conclusões dos fatos, pulando de forma abrupta o tempo de compreensão. Passamos do instante de ver ao momento de concluir com uma rapidez que nos custa caro. Digo isso, por exemplo, ao recordar do boicote recente de parte da população à vacinação de crianças contra doenças que já foram erradicadas e que correm o risco de ressurgirem.

A nossa linguagem é equívoca e polissêmica por excelência, de modo que os saberes construídos nas mais diversas épocas nunca serão suficientes para representar a totalidade da experiência humana e é justamente por isso que nunca conseguiremos alcançar "a verdade" sobre todas as coisas. Neste sentido, nunca haverá consenso entre os seres falantes, mas é preciso que cada um possa opinar respeitando certos limites. A medida tanto para o *"achismo"* quanto para os saberes ditos científicos sempre deverá ser o bom senso, e esta não é uma tarefa fácil para os humanos.

IGOR SANTOS Gostaria de complementar algo que você destacou, Maíra. Além de nossa linguagem ser "equívoca e polissêmica", o que nos impele a refletir sobre a necessária importância de sabermos reconhecer as nossas limitações, reconhecendo, dessa maneira, que nossas verdades não são mais do que isso: "nossas" (e sempre verdades parciais), eu destacaria, para reforçar esse argumento, uma ideia do historiador francês **Michel de Certeau**. De Certeau, quando escreveu sobre como e o que leva o historiador a cumprir com o seu ofício, que é criar narrativas através de documentos históricos, ele observou que a fala do historiador é demarcada por aquilo que ele chamou de "lugar social". Isto é, sabemos que a escrita da história não é outra coisa além do modo como o historiador leu e narrou os fatos analisados. Obviamente, isso não significa que a escrita da história esteja carregada de mentiras. Muito pelo contrário. Pensar dessa maneira seria apenas tolice. E fazer isso, por outro lado, seria uma bela lição de como ser um mau caráter acadêmico. Essa ideia de Michel de Certeau apenas nos diz que, ao escrever a história, o historiador o faz a partir de sua visão de mundo, suas crenças, valores, princípios ideológicos, etc. Daí a impossibilidade de haver uma "verdade absoluta" em História.

O filósofo e teólogo brasileiro **Leonardo Boff**, por sua vez, brilhantemente também nos lembrou que todo ponto de vista não é nada mais do que a vista sobre um ponto. Pensar acerca disso pode nos auxiliar na compreensão de que nem tudo o que se fala deve ser considerado como algo irrefutável. Vale lembrar, aqui, que opinião, aquilo que os gregos chamavam de *doxa,* é algo específico e encontra-se circunscrito ao campo do direito e a sua liberdade deve ser garantida, desde que esteja dentro dos limites da lei e da ética, naturalmente; outra coisa é a necessidade de informações que são necessárias para que se emita opinião de maneira correta, não no sentido de "verdade", mas no sentido de uma informação que foi incorporada, confrontada, processada e, apenas depois disso, exteriorizada com argumentos minimamente plausíveis e defensáveis. Ou seja, estou falando da necessidade e urgência de se transformar opiniões em argumentos.

Caso contrário, fico com a ideia já antiga de um irlandês que agora não me recordo o nome que diz, mais ou menos assim, "é melhor ficar calado e deixar que as pessoas lhes achem um idiota, do que falar e acabar com a dúvida". Além disso, apenas como exercício de humildade, é plausível que eu pense que alguém que tenha estudado um assunto mais do que eu, que tenha feito graduação, especialização, mestrado, doutorado e pós-doutorado na área, que tenha se dedicado à escrita dessas problemáticas, ensinado sobre ela, etc., saiba, no mínimo, um pouco mais do que eu, que me informei no *Google*. Penso que deveríamos considerar essa hipótese, pois existe, talvez remotamente, a possibilidade deste estudioso estar, no mínimo, munido de argumentos mais sólidos do que os meus.

FUTEBOL E POLÍTICA NO TERRENO DAS PAIXÕES

JOSÉ RICARDO A relação entre futebol e política é um daqueles temas sobre os quais muita gente gosta de especular, mas quase tudo o que é dito não se ampara em dados ou evidências concretas. Muitas opiniões sobre essa temática são baseadas em convicções teóricas e ideológicas. A produção acadêmica sobre o futebol é ainda muito restrita, prevalecendo a produção de ensaios sobre a pesquisa empírica. Mas há alguns pontos que podemos explorar.

No Brasil, um ponto que chama a minha atenção é o número significativo de políticos que iniciaram suas carreiras, ou que pelo menos tentaram iniciá-la, usando o futebol como trampolim, incluindo aí dirigentes de clubes, ex-jogadores e até mesmo jornalistas esportivos. A lista é significativa e eu vou me furtar de elaborar uma porque tenho certeza de que os leitores terão exemplos a dar. Não sei se é assim em outras partes do mundo, mas desconfio que o prestígio proporcionado pelo futebol estimula a ambição de muita gente e acaba por instigar o ingresso na política também em outros países.

IGOR SANTOS É possível, José Ricardo, pela visibilidade que se alcança com o esporte. É exacerbado, o brilhantismo.

JOSÉ RICARDO Sim. Mas uma posição relacionada a essa questão é aquela defendida por um grupo de estudiosos do futebol inspirados no marxismo. Para esses autores, o futebol pode ser visto como um fator de alienação das massas, uma distração para que as pessoas se esqueçam dos problemas políticos e econômicos. Pensando nessa hipótese, como professor de Ciência Política, costumo fazer o seguinte teste em sala de aula. Primeiro cito o nome de um jogador famoso, digamos o **Neymar**, em seguida pergunto aos alunos se eles o conhecem. É claro que todos o conhecem e sabem até detalhes sobre a sua vida dentro e fora dos gramados: em que clube joga, qual a sua posição no time, com quem está namorando, em quais festas tem ido ou promovido, etc. Depois, pergunto se alguém sabe o nome do Ministro da Fazenda ou do Ministro da Educação. Ninguém, ou quase ninguém, sabe responder. Quando pergunto o porquê do silêncio, eles dizem que o Neymar é uma celebridade, está todo dia na mídia, e que, dessa forma, é impossível não saber quem ele é. Aí eu contraponho o argumento dizendo que se isso é verdade, é fato também que não há um dia sequer sem que o Ministro da Fazenda seja citado por algum veículo de comunicação, e que o problema está no interesse das pessoas de procurar ou absorver esta ou aquela informação.

Há alguns anos, foram realizadas pesquisas que mostraram que a parte mais lida dos jornais é o noticiário esportivo, muito à frente das seções de política e economia. Esses dados parecem confirmar a hipótese dos marxistas, mas o problema pode não ser tão simples assim.

Outro fato que merece ser destacado quando falamos sobre a relação entre futebol e política – neste caso, não apenas o futebol, mas o esporte de uma maneira geral – é a utilização dele como elemento legitimador de regimes políticos, sobretudo os ditatoriais. Sobre isso, os exemplos são muitos, vejam bem: Hitler, em 1936, tentou usar os Jogos Olímpicos de Berlim para provar a sua tese da superioridade da raça ariana, elemento central da doutrina nazista. Mussolini transformou em heróis nacionais os jogadores da seleção italiana, campeã mundial de futebol em 1934 e 1938. Na antiga União Soviética, o esporte foi tratado como assunto de Estado, tendo sido desenvolvidos sofisticadíssimos métodos de preparação de atletas que transformaram os soviéticos em potência esportiva, sempre disputando com os Estados Unidos a primeira colocação no quadro de medalhas das Olimpíadas. Mesmo com os gigantescos problemas econômicos que sempre enfrentou, Cuba também se transformou em potência esportiva. Durante muito tempo, foi a maior das Américas, atrás apenas dos Estados Unidos. Este sucesso era utilizado pelos governantes cubanos como instrumento de propaganda do regime político. Nos dias atuais, quem transformou o esporte em assunto de Estado foi a China, que vem gastando muito dinheiro para produzir atletas de ponta, e os resultados já são claramente perceptíveis. No contexto latino-americano, as ditaduras militares, notadamente as do Brasil e Argentina, também procuraram identificar-se fortemente com suas respectivas seleções nacionais de futebol: o Brasil, tricampeão mundial em 1970, alimentando a máquina de propaganda ufanista dos militares que prometiam o Brasil-Potência, e a Argentina, campeã mundial em 1978, sustentando uma glória que muito se deveu aos investimentos de um governo ditatorial. O caso argentino, devido a algumas polêmicas, foi mais intrigante.

Vencendo a Copa em casa e adquirindo o seu primeiro título mundial, os argentinos também ficaram maculados graças a um clima de total desconfiança que se instalou. O país teria sido instrumentalizado pelos militares, que haviam tomado o poder dois anos antes, e isso fez com que não faltassem denúncias de que eles tinham feito de tudo para manipular o torneio a fim de viabilizar a vitória da seleção argentina. O episódio mais controverso foi a goleada da Argentina em cima da seleção do Peru, por 6 a 0. Esse jogo rendeu aos argentinos a classificação para a final, e a nossa seleção teve que disputar o terceiro lugar. Triste para nós, não? O fato é que, na ocasião, foram muitos os boatos que afirmavam que a seleção peruana teria sido subornada pela argentina. Mas nada foi provado até hoje.

IGOR SANTOS Futebol costuma mesmo gerar esse tipo de sentimento. Mexe em um campo muito melindroso que é o das paixões e, como já nos lembravam **Clóvis de Barros Filho** e **Luiz Felipe Pondé** no livro *O que move as paixões*, a paixão situa-se no campo dos afetos, portanto, dispensa a racionalidade. É claro que não estou falando que não seja possível a corrupção no futebol. Na verdade, de uns tempos para cá, penso até que seria ingenuidade imaginar alguma área da vida humana completamente idônea, infelizmente, e já vimos que a corrupção está no futebol também. Mas, principalmente nessa modalidade de esporte, como se insere no terreno das emoções, as perdas, em especial em momentos de decisão, geram muitos ressentimentos e acusações. Foi assim em 1998, quando a seleção brasileira perdeu para a francesa e, em 2014, depois que perdemos, em casa ainda, de 7 a 1 para a Alemanha, o que jamais esqueceremos. Neste jogo, inclusive, eu já estava com receio de me levantar do sofá para buscar água. Não sabia se, ao voltar, teria perdido mais um gol da Alemanha.

Sobre o ano de 1998, cogitou-se que a seleção francesa havia comprado a brasileira, e, sobre 2014, cheguei mesmo a ouvir nas ruas até que os jogadores brasileiros estavam ajudando a sabotar o governo, ainda com a herança dos desgastes propiciados pelas manifestações ocorridas no ano anterior, em 2013. Enfim, o fato é que detratores sempre existiram ao longo da história e, possivelmente, não serão extintos tão facilmente da humanidade.

O que eu quero dizer com isso? Pode ser que essas acusações sobre os argentinos sejam verdadeiras ou falsas. Porém, tendo passado tanto tempo, dificilmente saberemos.

Agora, uma coisa que tem chamado muito a minha atenção, José Ricardo, tem sido a exacerbação dos atuais discursos de ódios em meio à política. Isso demonstra não apenas a polarização que vivemos atualmente, mas como características antes muito presentes nos estádios de futebol (rivalidades entre torcidas) estão agora perpassando o cenário político. E, quando eu digo cenário político, estou pensando na prática da política tanto no âmbito partidário e institucional quanto na sociedade como um todo, que tem expressado muito esse sentimento nas redes sociais. Tomemos como exemplo, ainda bem fresco em nossa memória, as eleições presidenciais de 2018. As redes sociais tornaram-se palcos para ódios, ofensas, disseminação de mentiras (*fake news*), etc., e, tudo isso, com um único propósito: o de vencer um inimigo claro: o "seu candidato". Tomados por paixões, nos esquecemos que estamos (todos) no "mesmo avião" e que o piloto, tendo sido a minha opção preferida a selecionada pelas urnas ou a sua, tem o poder em suas mãos para articular-se e governar o país dentro dos seus interesses, ainda que saibamos das possibilidades, jurídicas inclusive, de se frear os excessos, agir contra a impunidade, dentre outros fatores. O que você pensa sobre isso?

JOSÉ RICARDO No momento em que você fala sobre isso, Igor, me recordo de um fato em especial, a chamada "Guerra do Futebol", acontecimento que levou às últimas consequências a capacidade do esporte de exacerbar as identidades nacionais e expressar exatamente essa intolerância que hoje, como você mesmo disse, está também no campo da política, de forma acentuada e perigosa.

Essa "guerra" aconteceu, em 1969, entre Honduras e El Salvador, países da América Central que disputavam as eliminatórias para a Copa do Mundo de 1970. Eram dois jogos, ida e volta. No primeiro, disputado em Honduras, a seleção local venceu por 1 a 0. O fato é que, de volta ao seu país, os jogadores salvadorenhos relataram que após a partida foram muito maltratados por torcedores, dirigentes e autoridades hondurenhas. No jogo da volta, El salvador venceu por 3 a 0, e houve uma pancadaria em campo envolvendo jogadores, dirigentes e até jornalistas. Dias depois, tropas de El Salvador invadiram Honduras, houve choques armados, bombardeios, perseguição de cidadãos salvadorenhos que viviam em Honduras e vice-versa. A situação só se acalmou após a intervenção da Organização dos Estados Americanos (OEA). Incrível este caso, não? E lamentável, também, como os extremos provocados pelas paixões podem nos levar a episódios terríveis, no futebol e na política.

MAÍRA BARROSO Pelo que vejo aqui, a célebre frase "política e futebol não se discutem" é falsa. E como se discutem, não?

No entanto, esta discussão me parece ser prenúncio de confronto. Como apontado por você, Igor, não é incomum presenciarmos nas redes sociais – modalidade privilegiada de interação na atualidade –, exagerada intolerância a opiniões ou posições políticas ou esportivas contrárias. Predominam os discursos de ódio, trocam-se ofensas de forma gratuita, inimizades são declaradas e até mesmo usuários são banidos ou bloqueados do convívio do ciberespaço. Por trás das telas dos celulares e computadores, nossa coragem aumenta e nossa empatia desvanece.

Não é incomum assistirmos nos telejornais ou na *web*, brigas de torcidas – organizadas? – em que a torcida do time rival se torna um inimigo a ser agredido, combatido, exterminado, aniquilado.

Não há como negar que o futebol, de fato, seja uma "paixão nacional". Mas a *paixão*, palavra de origem grega, pode significar também excesso e catástrofe. Portanto, política e futebol quando discutidos neste terreno me remetem a um livro paradigmático de Freud, intitulado *Psicologia das massas e análise do ego*, de 1921. Nele, Freud discute a transformação dos processos mentais dos indivíduos quando estes se reúnem em grupo.

Como o coletivo pode exercer influência tão decisiva sobre a vida mental dos indivíduos, e qual a natureza da alteração mental que ele força no indivíduo, são alguns pontos debatidos por Freud em seu livro e também são pontos intrigantes para a nossa conversa.

Em um grupo, as emoções são excitadas de tal forma que se torna impossível não se entregar de maneira irrestrita às paixões. Perde-se a noção do limite e da individualidade. Estar no coletivo pode fazer com que os indivíduos, a partir de um processo identificatório, sintam, pensem e ajam de maneira muito diferente daquela considerada caso estivessem sós. Sozinhos, o receio de algum tipo de coerção para determinadas ações atua no sentido de limitá-las ou mesmo impedi-las.

É interessante observar que no mundo contemporâneo, as identificações das coletividades não se dão mais como na época em que Freud escreveu seu texto sobre as massas. Atualmente, há uma fragilidade da identificação com um único líder e um empuxo a uma identificação fragmentada, pulverizada em nossos semelhantes e não mais em um ideal. O homem de massa perde sua autonomia intelectual e vive a plena indistinção social. A massa exclui, apaga necessariamente a singularidade e os interesses individuais. Marcelo Veras também chama a atenção para o fato de que o "charme" das massas vem da possibilidade que elas fornecem aos sujeitos de liberarem seus pensamentos e atos mais ferozes em relação ao outro sem sentir culpa, respaldados pela justificativa de que "todos agem assim". Não é à toa que tanto no futebol como nas manifestações políticas o fim seja quase sempre a pancadaria. Em meio ao ódio furioso de uma multidão, desaparecem o senso de responsabilidade e o de consciência e os indivíduos que compõem as massas parecem hipnotizados, fascinados, contaminados. É impressionante como um grupo pode vir a ser impulsivo, irritável, violento. A impetuosidade torna-se irresistível e podemos ser comparados aos povos mais primitivos.

JOSÉ RICARDO A sociologia também procura respostas para essa questão, Maíra. Os estudiosos do esporte e de seu papel nas sociedades modernas destacam que uma das características mais relevantes do esporte é exatamente a sua capacidade de engendrar identidades coletivas por meio da ritualização do conflito. No contexto de sociedades complexas e pluralistas, o esporte serviria como elemento de integração social, fazendo com que as diferenças entre grupos e outras formas de estratificação possam ser harmonizadas e traduzidas em termos lúdicos. O problema com essa visão é que ela não explica as rivalidades entre torcedores que em muitos casos descambam para a violência, como acontece entre nós nos episódios não raros de confrontos entre torcidas organizadas. Mas estamos aqui no campo das representações simbólicas e de sua importância para a estruturação da vida social. Da mesma forma que a construção de identidades pode ser fator da harmonização social pode ser também um fator de exacerbação de conflitos e confrontos, pois identidades se consolidam também através do contraste com outras identidades, como é o caso dos nacionalismos, por exemplo.

IGOR SANTOS   Maíra e José Ricardo, vocês acabaram de descrever alguns dos princípios que também podem caracterizar regimes políticos totalitários, como o fascismo: discurso de ódio, desejo de aniquilação do outro, coerção demasiada, e, principalmente, tudo isso no âmbito de uma coletividade. Mas isso nos renderia mais "pano para a manga". Deixemos para outra conversa, essa pauta.

JUVENTUDE E POLÍTICA

JOSÉ RICARDO Para discutirmos esse tema, juventude e política, penso ser necessário, para início de conversa, esclarecermos melhor o que significa e como se constituiu historicamente, como fenômeno social, o primeiro termo da relação: juventude. Isso porque essa temática só passa a ser objeto de reflexão a partir da segunda metade do século passado, mais precisamente nas décadas de 1950 e 1960. Foi nessa época que o termo "juventude" ganhou relevância epistemológica, passando a significar muito mais do que a simples referência a pessoas jovens, mas transformando-se numa categoria analítica sociológica, à qual se imputam algumas características próprias, em termos de mentalidades e condutas, às pessoas nela enquadradas. Esta mudança acontece a partir da eclosão da chamada contracultura, movimento amplo que englobou diferentes aspectos da produção nos campos artístico e intelectual e que teria conferido aos jovens, por terem sido eles os alvos e, ao mesmo tempo, os maiores entusiastas e divulgadores desse movimento, uma suposta identidade própria. Era a época da rebeldia, do conflito de gerações, da contestação dos valores vigentes, que teve na literatura de cunho existencial dos *beatniks* e na eclosão do *rock'n roll* seus impulsos seminais.

Após a Segunda Guerra Mundial – o maior genocídio de jovens que se tem notícia – e no contexto da Guerra Fria que se seguiu, sobravam motivos para que os jovens passassem a contestar a realidade que seus pais e avós lhes legaram. Num primeiro momento, a contestação tomou forma de uma crítica aos valores mais tradicionais da sociedade: família, Estado, religião, carreira profissional, busca de status social, etc. O inconformismo se manifestava na desobediência aos pais, no desafio à autoridade constituída, seja a do Estado ou a da religião, no estilo das roupas, nos cortes de cabelo, no uso da bebida e da maconha em festas, na iniciação sexual precoce (para os padrões da época) e em rixas de gangues que se desafiavam em brigas de rua. Não havia propriamente uma ideologia que informasse esses novos comportamentos, mas uma tentativa difusa dos jovens que os assumiram de buscar uma identidade própria que significasse a recusa de seguir os passos de seus pais e os caminhos que a sociedade lhes propunha.

IGOR SANTOS José Ricardo, "identidade" é uma palavra cara aos jovens. Quer seja no sentido social que você bem destacou ou no aspecto psicológico, a juventude, fase transitória entre a infância e a vida adulta, é caracterizada por descobertas que, não raro, vêm associadas à famosa rebeldia, quando se vivem descumprimentos de regras e formas de condutas peculiares e taxadas como subversivas. Daí a complexidade desse conceito, pois, identificar-se com algo, pré-requisito para se constituir princípios identitários, é uma das dificuldades encontradas pelos jovens, sobretudo se o modelo a ser seguido estiver muito distante de suas perspectivas de vida.

Que fique bem claro, porém, antes de continuarmos, que não os chamo de "rebeldes" como maneira de expressar um juízo de valor apenas, ou de me referir de modo pejorativo. A categoria "rebeldia", aqui, pode ser considerada como um estado no qual alguém se rebela, se revolta, não aceita com naturalidade os padrões de vida experimentados por outras pessoas, outras gerações, e que são empuxados aos mais jovens como modelos a serem seguidos. Além disso, também podemos considerar a "rebeldia" como uma categoria atribuída por terceiros em contraposição, justamente, ao seu estilo de vida. Não raramente, por pessoas mais velhas. O que eu quero dizer com isso? Não são os jovens que usam a categoria rebeldia para uma autodefinição, mas, sim, pessoas que já não usufruem da vida como eles o fazem.

O fato é que, em um determinado dia, os jovens acordam e descobrem que podem mudar o mundo. É compreensível, nesse sentido, e o que a nossa história também pode nos demonstrar, que os mais velhos sejam os conservadores, e não os mais jovens, apesar de isso também não ser uma regra. Sabemos bem que existem, sim, jovens conservadores. Ser conservador não é um defeito, mas uma característica apenas.

JOSÉ RICARDO   Sim! E foi na década de 60 que mais uma dessas rebeldias difusas, ainda com pouca clareza propositiva – o que levou muitos a chamarem esses jovens de "rebeldes sem causa" –, começou a ganhar conotações ideológicas. O movimento *hippie* chegou com o slogan *"Paz e Amor"* e pretendeu criar uma utópica sociedade alternativa, com um estilo de vida comunitário, regado a muito sexo, drogas e *rock'n roll*, e misturando ainda arte psicodélica e filosofias orientais. O Movimento se espalhou por diversos países do mundo, seduzindo milhões de jovens que se insurgiam contra os pilares das sociedades industriais modernas e seus valores materiais. Eles tiveram uma importante participação, nos Estados Unidos, nas manifestações contra a Guerra do Vietnam, e foi, nesse país, por essa razão, que os *hippies* exerceram maior influência política.

Pela sua própria radicalidade, o Movimento se esgotou em pouco mais de uma década; muitos dos seus ícones morreram de overdose ou se tornaram grandes estrelas do *rock*, acumulando fortunas e vivendo de forma muito diferente do desprendimento em relação aos valores materiais que eles próprios haviam pregado. Os seguidores se dispersaram e, ao envelhecerem, acabaram se integrando à sociedade que eles contestavam.

IGOR SANTOS   Está vendo? Como você destacou, "se dispersaram e, ao envelhecerem, acabaram se integrando a sociedade que eles contestavam". Isso significa que a idade pode e costuma trazer duas coisas: menos aventura e mais desejo pela cama quentinha.

JOSÉ RICARDO   De qualquer forma, se tomarmos a política no seu sentido mais amplo, seguindo os passos de Aristóteles, para quem política se confundia com tudo que é social, os *hippies* deixaram um legado importante: o pacifismo, tanto como filosofia de vida quanto como forma de manifestação e reivindicação de direitos, uma significativa flexibilização dos costumes, fazendo com que as gerações posteriores desfrutassem de uma liberdade sexual que seus avós jamais imaginaram, a incorporação definitiva do uso de drogas como elemento característico do comportamento jovem, e também tiveram influência no despertar de consciência para as questões ecológicas, tão prementes no mundo atual.

Mas se estamos falando de política no sentido mais tradicional do termo, foi o outro lado da geração de 60 que mais contribuiu para incentivar a reflexão sobre a relação entre juventude e política. Nessa década o mundo vivia o auge da Guerra Fria e a polarização ideológica vivida entre Estados Unidos e União Soviética atingiu em cheio, sobretudo nos países ocidentais, os setores da juventude que não compartilhavam da proposta dos *hippies*, considerada por demais irrealista e alienante. Foi o auge do Movimento Estudantil, que culminou com o histórico "Maio de 68", quando diversas revoltas estudantis eclodiram pelo mundo, especialmente na França e Estados Unidos. Predominantemente ligados a ideologias de esquerda – cujo centro da crítica era a estrutura da sociedade capitalista e o modelo liberal de democracia –, os estudantes da época se dividiam entre aqueles que aderiram às propostas do socialismo marxista e os que levaram seu inconformismo a um nível mais radical, opondo-se não somente ao capitalismo, mas também às experiências totalitárias do chamado "Socialismo Real", pois já se conhecia a história dos crimes do stalinismo, e 1968, convém lembrar, foi o ano da "Primavera de Praga", quando tropas soviéticas invadiram a Tchecoslováquia, esmagando o reformismo democrático de **Alexander Dubcek**. O slogan "É proibido proibir", grifado nos muros de Paris, revela com clareza a posição mais libertária desse segundo segmento, que também logo se esgotou na falta de alternativas viáveis de mudança. Os jovens que aderiram ao marxismo se engajaram em lutas revolucionárias em diversos países, com destaque na América Latina. Eles estão entre as maiores vítimas da repressão política desencadeada pelos regimes militares que assolaram o continente a partir da década de 1960.

Os anos 1980 marcaram um refluxo do Movimento Estudantil e da radicalização política da juventude: os *hippies* foram substituídos pelos *yuppies* – jovens cujo objetivo era acumular 1 milhão de dólares antes dos 30 anos – e os revolucionários deram lugar aos indiferentes e aos reformistas. Contribuíram para isso a crise derradeira do Socialismo Real – foi a década da integração da China ao capitalismo internacional, do esgotamento dos movimentos revolucionários na África e América Latina, da queda do Muro de Berlim e do processo que levaria à dissolução da União Soviética –, o fim da Guerra Fria, o desmantelamento das entidades estudantis – que depois de reconstruídas jamais tiveram a mesma representatividade das décadas anteriores em decorrência da forma autoritária de controle dessas entidades por parte de grupos de esquerda recalcitrantes em reconhecer o fracasso econômico e a barbárie política dos regimes socialistas – e, talvez como corolário desses fatores, uma mudança significativa na mentalidade dos jovens, que se voltaram para o culto de valores tradicionais: família, diploma, carreira profissional, consumo, patrimônio, status social, etc. Diversas pesquisas realizadas nos últimos anos apontam para essa virada conservadora da juventude. Os *hippies* e os revolucionários de ontem são os avós de hoje, e parece que seus netinhos não estão muito dispostos a usá-los como exemplos ou referências para a vida. Já se disse, com indisfarçável sarcasmo, que se antes os jovens, de um jeito ou de outro, tinham a preocupação de mudar o mundo, hoje eles se preocupam em mudar de celular. É o fim das utopias.

IGOR SANTOS José Ricardo, me recordo de um pensamento do historiador israelense **Yuval Noah Harari**, autor dos livros *Sapiens* (*bestseller* internacional), *Homo Deus* e agora do, recentemente lançado no Brasil, *21 lições para o século XXI*. Yuval Harari afirma que, pela primeira vez na história da humanidade, a geração mais velha não sabe o que ensinar aos mais novos. Isso é sintomático e, de fato, penso que traduz bem o contexto atual.

Se, antes, os mais velhos tinham a função social de ensinar aos mais jovens o conjunto de saberes constituído ao longo de gerações, hoje esse patrimônio imaterial encontra-se num material e funciona por meio de *touch screen* que, ironicamente, está sob o poder dos mais novos, que já nascem na chamada "Era Digital". Daí, também, uma das razões para que inúmeros professores reclamem de seus alunos dizendo que eles não se interessam mais por suas aulas. De fato, deve ser entediante, para os mais jovens, passarem várias horas de seus dias sentados e ouvindo sobre algo que eles sabem que podem encontrar, havendo interesse de sua parte, por meio de seus *smartphones* e/ou *tablets*.

Algo comum em tempos passados, que seria um jovem se sentar para ter lições (de todos os tipos) com os mais velhos, se inverteu e temos que, mães e pais nos dias atuais, são quem aprendem a como mexer no *WhatsApp*, *Facebook* e outras mídias digitais, com seus filhos, enquanto professores, solicitam, de seus alunos, gentilmente, que eles façam funcionar os equipamentos eletrônicos hipermodernos presentes em sua sala de aula.

Essas características atuais, no entanto, não devem ser vistas como um equívoco ou como, meramente (e superficialmente), uma perda de referência. Pelo contrário, penso que esses aspectos se apresentam como uma tentativa de escancarar para todos nós, algumas das novas necessidades de nosso tempo: primeiramente, a que precisamos reconhecer o valor que há nos jovens, e, em segundo lugar, a que é necessário que busquemos novos meios de continuar perpetuando as relações de socialização dos saberes que, mais do que uma descentralização do poder, sofreu um processo de mudança de polo.

Nesse sentido, confesso que fico na dúvida para saber se os jovens de hoje foram quem abandonaram as utopias ou, se essas utopias, mudaram de formas e se transferiram para os mais velhos, que hoje se veem necessitados por um reconhecimento num mundo que não lhes pertence mais, ou tanto quanto antes.

JOSÉ RICARDO No Brasil, não se percebe hoje, em minha opinião, um movimento político relevante que seja protagonizado pela juventude. Os jovens que se interessam por política – pois a maior parte parece não se interessar muito pelo tema – estão divididos entre os de esquerda, que militam em movimentos sociais e partidos saudosos do marxismo, ou os *Black Blocks*, que acreditam que destruir patrimônio público e privado em manifestações de rua constitui um ato revolucionário, e os de direita, que se organizam em entidades como o Movimento Brasil Livre (MBL), de perfil conservador e até mesmo, em alguns temas, reacionário. Mas a verdade é que os indiferentes somados aos conservadores formam, a meu ver, a grande maioria dos jovens de hoje, e a atitude contestadora ou revolucionária de outrora parece ter saído definitivamente de moda.

Diante desse quadro, as questões que eu coloco para os meus colegas são as seguintes: vocês acham que o uso da categoria "juventude" é útil para aperfeiçoarmos nossa compreensão do processo político? Os jovens, dada a sua condição de transitoriedade, são capazes de forjar algum projeto político consistente? Existem demandas que sejam realmente específicas para um segmento da sociedade que hoje se mostra tão errático e disperso? E, se existe, serão os jovens capazes de adquirir um mínimo de unidade para coadunar estas demandas aos temas mais gerais que interessam à sociedade? Confesso que não tenho respostas claras para essas questões.

MAÍRA BARROSO Tentando responder algumas de suas perguntas, José Ricardo, se há algo que a minha experiência clínica com crianças muito pequenininhas e adolescentes me ensina, diariamente, é que o caráter de transitoriedade destes tempos da existência e da subjetividade humanas não impede, de forma alguma, a construção de estratégias e soluções legítimas – e, por que não, consistentes? –, de quaisquer ordens que sejam. Destaco as crianças pequenas e os adolescentes, pois são justamente estes sujeitos que, de modo geral, têm os seus discursos desconsiderados. É como se as crianças e os jovens não pudessem tomar a palavra por si próprios, como se sempre devesse existir alguém que pense, fale e aja em nome deles. Se este jovem for negro, pobre e esquizofrênico, por exemplo, a segregação e a desvalorização de sua voz e ações são ainda maiores!

A infância e a juventude são, em certa medida, desafiantes, transgressoras e, historicamente, sempre foram submetidas a tentativas e estratégias de controle e poder. Mas a juventude também traz consigo algumas vantagens: frescor, entusiasmo, plasticidade, e é aí que a vida (e também a política) tende a se revigorar, a se reinventar. É preciso, portanto, apostar, incentivar e conduzi-la ao exercício político.

Em 2018, os movimentos políticos da Reforma Sanitária e da Reforma Psiquiátrica Antimanicomial brasileiras, que marcaram o final do século XX e o início do século XXI, comemoraram os seus 30 anos. São três décadas de defesa árdua do Sistema Único de Saúde (SUS), seus princípios e diretrizes, além da luta pela continuidade e progressão de uma assistência em Saúde Mental democrática, justa, humanizada, pautada na participação e no protagonismo social, na garantia de direitos e do cuidado em liberdade dos usuários e seus familiares.

Há alguns (ainda) poucos anos – que espero, se convertam em décadas de luta e resistência –, tenho o privilégio de trabalhar em uma Rede de Atenção Psicossocial, implementada em todo o território brasileiro, substitutiva à lógica hospitalar manicomial vigente nos séculos passados. Estes espaços, sinônimos de violação de direitos, tortura, opressão e segregação dos ditos degenerados (loucos, pobres, negros, militantes, libertinos, prostitutas ou qualquer um que perturbasse a ordem pública, a moral e os bons costumes da época), foram endossados por um regime ditatorial que envergonha e mancha as páginas de nossa história, o verdadeiro Holocausto Brasileiro.

Belo Horizonte é, atualmente, referência na assistência em Saúde Mental infanto-juvenil e, neste ano, celebramos um fato inédito na história da Reforma Psiquiátrica Antimanicomial brasileira: a primeira participação de usuários adolescentes e suas famílias no encontro que celebrou os 30 anos da Reforma na cidade de Bauru, no interior de São Paulo. A estreia expressiva das crianças e dos adolescentes que tratam seus transtornos mentais no SUS neste Encontro de Bauru tornou-se um marco histórico para as Políticas Públicas em Saúde Mental da infância e da adolescência no país.

Além desta, outras manifestações de protagonismo popular jovem predominantemente negro, pobre e em sofrimento mental tem se fortalecido. Espaços como os Desfiles do dia 18 de maio, as Assembleias de Usuários do CAPSi (Centros de Atenção Psicossocial Infantil) – em Belo Horizonte conhecidos como CERSAMi's (Centros de Referência em Saúde Mental Infantil) e Conferências Livres de Saúde e Plenárias de Saúde Mental são palco de luta por direitos, cidadania, liberdade, dignidade e autonomia. Avante, minha juventude! Nenhum passo atrás!

PARA ENCERRAR O BATE-PAPO... MAIS ALGUMAS CONVERSAS

IGOR SANTOS Na era do que se convencionou chamar de "pós-verdade", quando tendemos a não escutar mais do que a nossa simpatia pelo interlocutor e/ou pelo assunto nos permite fazê-lo, a proposta de um livro através de diálogos, ou melhor, de conversas, pareceu-me (e ainda parece-me) desafiadora, necessária e urgente.

Em tempos hodiernos as formas de diálogos têm se modificado radicalmente e rapidamente. Espero que, de alguma forma, tenhamos conseguido apresentar ao leitor algumas das razões para que possamos, no mínimo, tentar compreender alguns dos aspectos referentes a essa nova realidade comunicativa que tem assumido mais a forma de monólogos do que de diálogos, ou conversas se preferir. No entanto, se por alguma razão isso tenha passado despercebido, ou mesmo não tenha ficado tão claro assim em nossas conversas anteriores por meio de temáticas variadas, sugiro mais uma pausa para a reflexão (a última do livro). Sugiro ao leitor que tente se recordar de sua última conversa com alguma pessoa. Quando foi a última vez em que tentara comentar algo pessoal com alguém e que esse alguém não tivesse te interrompido para lhe contar também (e ao mesmo tempo – o que é pior) como havia ocorrido com ele, algo parecido ou não, noutra ocasião?

Caro leitor e cara leitora, os tempos atuais representam uma exacerbação do "eu", que ora tende a ser supervalorizado, ora superprotegido, a depender das circunstâncias. No caso que utilizei como exemplo, de uma conversa, o "eu" tem aparecido quando, ao invés de escutar, lança-se mão de perguntas, respostas e comentários, e tudo isso quase que paralelamente, por incrível que pareça. Como já destaquei, são tempos de monólogos. Tempos chatos, inclusive! Por isso, e voltando ao ponto inicial desta fala, considero este livro e a sua estruturação através de conversas entre autores de áreas distintas, algo importante para se pensar a relação cotidiana do ensinar e aprender, do viver em sociedade, e de pensar acerca de questões do nosso tempo.

Ao longo das páginas deste livro, você pôde encontrar diálogos repletos de argumentos e assertivas que não expressaram mais do que as subjetividades e os "lugares sociais" dos autores que aqui vos falaram (ou, se preferirem algo tecnicamente correto, que vos escreveram). Foram conversas que demarcaram as nossas áreas de formação e os nossos campos de especialidades, distintos em aspectos teóricos e metodológicos, mas, ao mesmo tempo, complementares e necessários para se pensar a respeito da complexidade histórica, sociológica e psicológica da nossa sociedade atual. Sem querer ser generalista, e respeitando as especificidades culturais de cada país, arriscaria dizer que, em meio e devido à conexão global viabilizada pelos meios de comunicação atuais, esse livro pode ter buscado, audaciosamente, oferecer possíveis esclarecimentos a problemas históricos, sociais e psicológicos que também caracterizam outros povos nesta "Era Digital". Certamente, destaco para reiterar as necessidades de se considerar as particularidades de cada país e cultura, buscamos abordar temas que permitirá ao leitor refletir sobre traços comuns à sociedade brasileira, mas que também, de certa forma, oferecerão ferramentas para se pensar evidências presentes na atualidade em âmbito internacional.

Propor a elaboração deste livro me possibilitou o reencontro com o sociólogo e professor José Ricardo. Fora, sem dúvida, uma forma de reviver e ter contato, novamente, com as suas excelentes aulas que me marcaram profundamente em tempos de graduação. Quanto à escrita com a Maíra, colega que se tornou, muito esclarecida em suas ideias e polida intelectual, foi um privilégio ter aprendido tanto com os seus pensamentos. Se buscamos conversar com o propósito de levar boas reflexões aos leitores e leitoras, isso ocorreu entre nós, primeiramente. Graças ao brilhantismo intelectual desses dois interlocutores, pude, antes de ensinar, aprender e espero, sinceramente, que este livro seja apenas o primeiro com essa dupla.

JOSÉ RICARDO Bem, gostei muito dessa experiência. Nossos diálogos contribuíram para estimular minha reflexão sobre temas diversificados, que nos permitiram uma abordagem multidisciplinar e interdisciplinar. Agradeço aos parceiros desse projeto por me chamarem a atenção para aspectos de suas respectivas áreas que enriqueceram minha visão sobre os assuntos que tratamos aqui. Analisar o comportamento humano a as instituições que dele resultam é sempre uma tarefa estimulante e sedutora, que envolve grande complexidade, e que nos força a uma contínua reavaliação de nossas ideias e convicções. Lidamos com uma matéria plástica, dinâmica, em constante transformação. Minha disciplina, a Sociologia, é um exemplo disso. Embora os clássicos desta área ainda nos forneçam elementos teóricos e conceituais que nos ajudam a compreender o mundo em que vivemos – e muita coisa deles eu utilizei aqui nas minhas reflexões –, a ciência, e em particular as Ciências Humanas, não comporta verdades eternas, absolutas; sempre haverá dúvidas e problemas não resolvidos que nos forçarão a seguir em frente em busca de novas respostas, de novas teorias para iluminar nossos caminhos. A meu ver, reside nesse ponto o grande fascínio das Ciências Humanas: elas são plurais porque não lidam com objetos inanimados, sujeitos a leis imutáveis da natureza e nem rigidamente determinados por uma estrutura genética. Nós criamos nosso próprio mundo, e assim como o criamos podemos desfazê-lo. Compreender o comportamento humano em sociedade, esse objeto fluido e multifacetado, é uma tarefa e tanto, e apesar das imensas dificuldades que nos são impostas por este desafio, tenho certeza de que seguiremos em frente, pois a aventura vale muito a pena.

Agradeço aos meus colegas Igor e Maíra por terem me proporcionado momentos de diálogos tão prazerosos, e espero que os leitores também desfrutem este prazer.

MAÍRA BARROSO Chegamos ao final de nossa missão: conversar, animados por nossos campos de formação, sobre questões do nosso tempo! Ao receber tão generoso convite para este projeto, tínhamos apenas algumas coordenadas: o estilo esperado para o livro, esboços de temas e o tempo estipulado para a escrita. Aceitas tais condições, iniciamos o desbravamento de um mar de ideias e a construção de saberes compartilhados por três interlocutores. A produção final foi surpreendente!

Nossa audaciosa tripulação, composta pelos olhares perspicazes da História, da Sociologia e da Psicologia, navegou por temas turbulentos e tortuosos como a política, as relações de consumo na pós-modernidade, a tecnologia, o tempo e a juventude. Uso a expressão navegar, pois originalmente fora a proposta de um dos capítulos que posteriormente teve o título modificado, mas seu sentido permaneceu nas entrelinhas de nossa escrita como uma espécie de bússola a nos guiar.

Ao estimado parceiro de escrita Igor Santos, o meu mais sincero agradecimento pelo convite feito a mim para participar deste diálogo relevante e desafiador. Sua narrativa, sempre muito precisa e didática, reflete sua alma de grande historiador.

Ao também estimado parceiro José Ricardo, o meu agradecimento pelo compartilhar de sua vasta e rica experiência. A ambos, pelo diálogo amistoso e aprazível.

Aos leitores, um segredo dos bastidores: sem a Internet, a escrita deste livro a seis mãos não teria sido possível.

Autores mencionados ao longo do livro

AFLALO, AGNÈS Psiquiatra e psicanalista francesa, membro da Escola da Causa Freudiana e da Associação Mundial de Psicanálise. Diretora e editora adjunta do Jornal *Le Nouvel Âne* e autora dos livros *Autismo: novos espectros, novos mercados* (Navarin) e *O assassinato frustrado da Psicanálise* (Contra Capa).

ARISTÓTELES (384-322 a.c.): Filósofo da Grécia Antiga, considerado um dos maiores pensadores de todos os tempos e está entre os expoentes que mais influenciaram o pensamento do mundo ocidental. Foi discípulo de Platão e seu interesse englobou diversas áreas, tendo deixado seu legado, principalmente, nas áreas de lógica, física, metafísica, da moral e da ética, além de poesia e retórica.

ARTHUR SCHOPENHAUER (1788-1860): Filósofo alemão, mais conhecido por sua obra principal, *O mundo como vontade e representação*, publicada no ano de 1818, em que caracteriza o mundo fenomenal como o produto de uma cega, insaciável e maligna vontade metafísica. A partir do idealismo transcendental de Imannuel Kant, Schopenhauer desenvolve um sistema metafísico ateu e ético que tem sido descrito como uma manifestação exemplar de pessimismo filosófico. Crítico contumaz de Hegel, o autor viveu um insucesso acadêmico. Não obstante, foi o filósofo que introduziu o pensamento indiano e alguns dos preceitos budistas na metafísica alemã

BAPTISTA, ÂNGELA (1958): Psicóloga e Psicanalista brasileira, especialista em Diagnóstico e Tratamento dos Transtornos do Desenvolvimento na Criança e Adolescente pelo Centro Lydia Coriat de Porto Alegre. Cofundadora da Editora Àgalma.

BAUDRILLARD, JEAN (1929-2007): Sociólogo e filósofo francês, considerado um dos principais teóricos da pós-modernidade. Abordou ao longo de sua obra a temática do consumo e do mal-estar contemporâneos. Fundador da revista *Utopie*, escreveu de mais de 50 livros durante toda a sua vida.

BAUMAN, ZYGMUNT (1925-2017): Sociólogo e Filósofo polonês, famoso pelo seu conceito de "modernidade líquida", que se caracteriza por relações pouco duradouras e superficiais. Escreveu inúmero livros, dentre os quais destacam-se os seguintes títulos: *Amor líquido: sobre a fragilidade dos laços humanos*, *Modernidade e ambivalência* e *Vida para consumo*.

BARROS FILHO, CLÓVIS DE (1965): doutor em Ciências da Comunicação pela Escola de Comunicações e Artes da USP, instituição onde obteve também a sua livre-docência. Atua como palestrante há mais de 10 anos no mundo coorporativo é autor de inúmeras obras que versam a respeito de filosofia moral, entre elas destacam-se os títulos: *Ética e vergonha na cara!*, em parceria com o filósofo Mario Sérgio Cortella, e *Felicidade ou morte*, com o historiador Leandro Karnal.

BLOCH, MARC (1888-1944): Marc Bloch é um símbolo da renovação historiográfica surgida no alvorecer da década de 1920, a chamada Escola dos Annales, e da luta contra o nazismo na Segunda Guerra Mundial. Uma de suas obras mais famosas, inacabada, escrita em cárcere e nas vésperas de sua morte, pelos nazistas, é *Apologia da história ou o ofício de historiador*.

BOÉTIE, ETIENNE DE LA (1530-1563): Filósofo francês, humanista, contemporâneo e amigo de Michel de Montaigne. Etienne traduziu obras clássicas do grego para o francês, como alguns escritos de Xenofonte e Plutarco. O seu livro *Discurso da servidão voluntária* é um clássico que permite ao leitor reflexões acerca da autoridade de um monarca sobre seus súditos.

BRÁS CUBAS Personagem do romance clássico da literatura brasileira *Memórias Póstumas de Brás Cubas*, de Machado de Assis. Publicado como folhetim em 1980, nele, Brás Cubas nos conta a sua história depois de morto. O "defunto autor" narra a sua vida e tentativas fracassadas no amor e na carreira política.

CAZUZA (1958-1990): Agenor de Miranda Araújo Neto, cantor e compositor brasileiro conhecido como Cazuza, foi um dos maiores ídolos do Pop-rock brasileiro nos anos 80. Dentre os seus maiores sucessos, destacam-se as músicas *Exagerado, Pro dia nascer feliz, Faz parte do meu show.* O álbum *Ideologia* e a música *Brasil* foram premiados em 1989.

CERTEAU, MICHEL DE (1925-1986): intelectual francês, com formação jesuíta, doutor em Teologia pela Sorbonne, dedicou-se aos estudos da teologia, psicanálise, filosofia, ciências sociais, teoria da história, dentre outras. Na área de Teoria da História, seus principais escritos são os clássicos *A escrita da história* (Forense Universitária), *A invenção do cotidiano* (Vozes) e o mais recente desses *História e Psicanálise: entre ciência e ficção* (Autêntica).

CORTELLA, MARIO SÉRGIO (1954): Filósofo. Mestre e Doutor em Educação pela PUC-SP, instituição de ensino e pesquisa onde lecionou por muitos anos. Foi secretário municipal de Educação de São Paulo entre os anos de 1991-1992. Hoje, atua como palestrante e é autor de diversas obras, entre as quais *Verdades e mentiras: ética e democracia no Brasil*, em parceria com o jornalista Gilberto Dimeinstein, o historiador Leandro Karnal e o, também filósofo, Luiz Felipe Pondé.

DUBCEK, ALEXANDER (1921-1992): Foi líder do Partido Comunista da Tchecoslováquia e tornou-se chefe de Estado deste país. Crítico do regime comunista, deu início, em 1968, a um programa de reformas políticas e econômicas que objetivavam ampliar os graus de liberdade e de democracia do regime, programa que ficou conhecido como Primavera de Praga. O movimento de reformas foi abortado pela invasão da Tchecoslováquia por tropas soviéticas neste mesmo ano. Foi preso, depois afastado do comando do Partido Comunista e posto no ostracismo até o final do regime.

DURKHEIM, ÉMILE (1858-1917): Sociólogo francês. Um dos maiores nomes da sociologia em todos os tempos, precursor do funcionalismo, uma corrente muito influente no desenvolvimento da teoria sociológica. Foi pioneiro na sistematização do método e do objeto de estudo desta disciplina. Suas análises abrangem uma variedade de temas, destacando sua pesquisa sobre o suicídio, definido como fato social, e sua análise da constituição das sociedades modernas, exposta em sua obra *Da Divisão do Trabalho Social*.

ECO, UMBERTO (1932-2016): Escritor e semiólogo italiano, foi autor de ensaios sobre as relações entre a criação artística e os meios de comunicação. Entre as suas obras, destacam-se: *A obra aberta*, de 1962, *Apocalípticos e integrados*, de 1964, e *Kant e o ornitorrinco*, de 1977. No ano de 1980, ficou mundialmente famoso com o romance *O nome da rosa*. Em 1988 publicou *O pêndulo de Foucault*, igualmente bem recebido.

ESPINOSA, BARUCH (1632-1677): Filósofo racionalista holandês, nascido numa família judaico-portuguesa, fundou o criticismo bíblico moderno. Fora acusado de herege, expulso da sinagoga e deserdado pela família.

FICINO, MARSÍLIO (1433-1499): Filósofo italiano do período da renascença. Assumiu, em 1462, a direção da Academia Platônica, instituição florentina fundada por Cosimo de Medici em 1442, onde conviveu com outros notáveis pensadores, como Giovanni Pico della Mirandola. Foi ordenado em 1473 e, anos mais tarde, nomeado cônego da catedral de Florença. Ficino traduziu, além de Platão, do grego para o latim escritos de Plotino, Porfírio e outros autores neoplatônicos, assim como obras de Dionísio Areopagita. Nos comentários aos diálogos platônicos revelou seu singular pensamento filosófico, cuja sistematização se encontra nos 18 livros da *Theologia platonica* (1482), quando o autor defende a harmonia entre platonismo e cristianismo.

FREUD, SIGMUND (1856-1939): Médico neurologista e psiquiatra austríaco, ficou conhecido como o "pai da psicanálise" por seu pioneirismo nos estudos sobre a mente e por apresentar ao mundo o inconsciente humano. Sua obra é objeto de questionamento, mas, inegavelmente, exerce ainda muita influência entre os estudiosos.

GALEANO, EDUARDO (1940-2015): Jornalista e escritor uruguaio, viveu exilado na Argentina e na Espanha até a década de 1980. Seu estilo de escrita se alterna entre narrativas, ensaios, contos, crônicas e poesias. Seus livros foram traduzidos em inúmeros idiomas e Galeano foi premiado incontáveis vezes por sua genialidade.

HARARI, YUVAL NOAH (1976): historiador israelense, com doutorado em História pela Universidade de Oxford, Harari é especializado em história mundial e professor da Universidade Hebraica de Jerusalém. Sua linha de pesquisa gira em torno de questões abrangentes, tais como: a relação entre História e Biologia, Justiça e História, felicidade humana com os passar dos tempos, entre outras. Seu livro *Sapiens*, publicado em 2011 (L&PM), se tornou um best-seller internacional, sendo publicado em mais de quarenta países.

HIPÓCRATES (460-370 a.C.): Grego antigo, considerado uma das figuras mais importantes da história da medicina. Rejeitava explicações supersticiosas e míticas para os problemas de saúde e como curar doenças. Hipócrates buscava compreender o funcionamento do organismo humano, na esperança de encontrar explicações racionais, e passíveis de controle e manipulação, para os males que atingem a saúde humana. Embora muito tenha se perdido ao longo dos séculos, alguns de seus escritos sobrevivem até os dias atuais.

HITLER, ADOLF (1889-1945): Ditador alemão, foi responsável um dos maiores genocídios da história da humanidade. Invadiu a Polônia no ano de 1939, provocando a Segunda Guerra Mundial. Mandou milhões de judeus para campos de concentração e conquistou inúmeros países europeus. Em 1945, após a derrota por tropas soviéticas, suicidou-se em seu *bunker*.

JERUSALINSKY, ALFREDO (*data de nascimento não encontrada*): Psicanalista argentino, erradicado no Brasil. Doutor em Educação e Desenvolvimento Humano pela USP, professor universitário, membro da Associação Psicanalítica de Porto Alegre (APPOA) e da Association Lacaniènne Internationale (ALI). Diretor do Centro Clínico Interdisciplinar Dra. Lydia Coriat em Porto Alegre e em Buenos Aires.

JERUSALINSKY, JULIETA (1971): Psicóloga e Psicanalista brasileira. Mestre e Doutora em Psicologia Clínica pela USP. Membro da Associação Psicanalítica de Porto Alegre (APPOA) e professora universitária. Especialista em clínica com bebês e crianças pequenas. Autora dos livros *Enquanto o futuro não vem: a psicanálise na clínica interdisciplinar com bebês* (Editora Ágalma, 2002); A criação da criança: brincar, gozo e fala entre a mãe e o bebê (Editora Ágalma, 2011) e Travessias e travessuras no acompanhamento terapêutico (Editora Ágalma, 2017).

KRAEPELIN, EMIL (1856-1926): Psiquiatra alemão, impulsor da Psiquiatria Biológica, escreveu seu importantíssimo *Compêndio de Psiquiatria*, classificando e descrevendo transtornos mentais de sua época. Suas classificações são a base da Psiquiatria Moderna e contribuíram de forma decisiva para a construção de diagnósticos diferenciais entre os transtornos mentais.

LEONARDO BOFF (1938): Teólogo e Filósofo. Um dos nomes mais importantes sobre a chamada Teologia da Libertação. Foi por mais de 20 anos professor de Teologia Sistemática no Instituto Franciscano de Petrópolis e posteriormente professor de Ética, Filosofia da Religião e de Ecologia Filosófica na Universidade Estadual do Rio de Janeiro. Já escreveu mais de cem livros e um dos seus livros mais recentes é *Brasil: concluir a refundação ou prolongar a dependência* (Vozes).

LACAN, JACQUES (1901-1981): Psiquiatra e psicanalista francês, Lacan foi um dos grandes intérpretes de Freud, fazendo avançar a teoria psicanalítica, hoje nomeada como psicanálise de orientação lacaniana. Dialogando com a filosofia, a linguística e a matemática, sua contribuição é expressa em seu ensino publicado em *26 Seminários*, além de seus *Escritos e Outros Escritos*.

MACRON, EMMANUEL. Atual presidente da França, eleito em 2017. Macron foi Ministro da Economia francesa e, em 2016, renunciou para se candidatar à presidência. Com seu movimento político centrista liberal *"En Marche!"* (Em Marcha!) derrotou Marine Le Pen, candidata de extrema direita.

MUSSOLINI, BENITO (1883-1945): Criador do fascismo, foi ditador da Itália entre os anos de 1922 a 1943. Organizou esquadrões armados para instigar o terror e combater os socialistas e liderou uma campanha, apoiado pela classe burguesa e pela Igreja, que culminaria com o aumento do seu poder, graças à interdição dos outros partidos políticos e sindicatos.

NIETZSCHE, FRIEDRICH (1844-1900): Filósofo alemão que se destacou pela extraordinária qualidade literária de seus escritos com conteúdo filosófico. Desenvolveu críticas contumazes sobre as concepções religiosas e éticas da vida, defendendo uma reavaliação de todos os valores humanos. Algumas de suas obras mais conhecidas são *A gaia ciência*, de 1822, *Assim falou Zaratustra*, de 1883, *Genealogia da moral*, de 1887, e *Ecce homo*, 1888.

ORWELL, GEORGE. Pseudônimo de Eric Arthur Blair, escritor de origem britânica, nascido em 25 de junho de 1903, em Motihari, Índia Britânica, e morto em 21 de janeiro de 1950, em Londres. Além de escritor de ficção, foi também jornalista e ensaísta político. Notabilizou-se pelo romance *1984*, publicado em 1949, uma distopia sobre os regimes totalitários.

PINEL, PHILIPPE (1745-1826): Psiquiatra francês, pioneiro no tratamento humanizado dos doentes mentais de sua época, Pinel é considerado precursor da Psiquiatria Moderna por banir métodos antigos e de tortura, libertando seus pacientes do aprisionamento dos manicômios. Foi diretor dos hospitais Bicêtre e Pitiè-Salpêtrière e publicou seu Tratado Médico-Filosófico sobre a Alienação Mental em 1801.

PLATÃO (427-347): Um dos principais filósofos da Grécia Antiga e discípulo de Sócrates. Platão, com o seu pensamento, influenciou a filosofia do mundo ocidental e ficou conhecido, em seus escritos, por considerar o mundo das ideias o próprio objeto do conhecimento intelectual. Para ele, o papel da filosofia seria libertar o homem do mundo das aparências levando-o ao das essências. É autor de 38 obras que, pelo gênero predominante adotado, ficaram conhecidas pelo nome coletivo de *Diálogos de Platão*.

PONDÉ, LUIZ FELIPE (1959): Doutor em Filosofia pela USP e pela Universidade Paris VIII, com estudos pós-doutorais realizados pelas Universidades de Tel Aviv (Israel) e Giessen (Alemanha). Coordenador de curso e vice-diretor da Faculdade de Comunicação e Marketing da FAAP, é professor do Programa de Pós-Graduação em Ciências da Religião da PUC-SP e atua também como professor convidado em inúmeras universidades do Brasil e do exterior. Possui inúmeros títulos publicados, dentre eles *O que move as paixões*, em parceria com Clóvis de Barros Filho.

QUINET, ANTÔNIO Psiquiatra e psicanalista brasileiro, Doutor em Filosofia pela Universidade Paris VIII e dramaturgo. Autor de inúmeros livros, dentre eles *Extravios do desejo: depressão e melancolia*.

ROSA, JOÃO GUIMARÃES (1908-1967): Escritor brasileiro, Guimarães Rosa escreveu contos, novelas e romances. Também médico e diplomata, Rosa falava diversos idiomas, chegando a ocupar uma cadeira na Academia Brasileira de Letras. A maioria de suas obras, ambientadas no sertão brasileiro, se destaca pela originalidade linguística. *Grande Sertão: Veredas* é sua obra mais premiada e traduzida até hoje.

ROUSSEFF, DILMA (1947): foi presidente do Brasil entre 2011 e 2016. Filiada ao Partido dos Trabalhadores (PT), dera continuidade ao projeto de governo iniciado pelo ex-presidente Luiz Inácio Lula da Silva, que permaneceu no cargo entre 2003 e 2010. Dilma teve o seu governo interrompido pelo processo de *impeachment* em 2016.

SAINT'EXUPÉRY, ANTOINE DE (1900-1944): Escritor e ilustrador francês, autor do clássico da literatura *O pequeno príncipe*.

SANTO AGOSTINHO (354-430): Agostinho de Hipona, foi um bispo católico, teólogo e filósofo latino. Considerado santo e doutor da Igreja, escreveu mais de 400 sermões, 270 cartas e 150 livros. Sua conversao ao cristianismo ficou famosa devido ao relado em seu livro *Confissões*.

SANTOS JR., NEYMAR DA SILVA. Jogador de futebol brasileiro. Nasceu em 5 de fevereiro de 1992, em Mogi das Cruzes, SP. Revelado pelo Santos Futebol Clube, atuou pelo Barcelona e joga atualmente no Paris Saint-German. Considerado hoje o principal jogador da seleção brasileira.

SARTRE, JEAN-PAUL (1905-1980): Filósofo e escritor francês, foi um dos principais representantes do pensamento existencialista. Romancista, dramaturgo e crítico literário, Sartre recusou o prêmio Nobel conquistado no ano de 1964. A sua filosofia política encontra-se sintetizada em sua obra *Crítica da razão dialética*, e *O ser e o nada*, ao lado de *O muro*, compõem alguns dos seus títulos mundialmente conhecidos.

SHAKESPEARE, WILLIAM (1564-1616): Poeta, dramaturgo e ator inglês. Foi o maior escritor da língua inglesa e o maior influenciador dramaturgo do mundo. Suas as ão mundialmente conhecidas e apreciadas, com des p o clássico *Hamlet*, escrito entre finais do século XV ício do XVII.

SÓCRATES (470-399): Filósofo grego, mo e eixar obras escritas. Seus pensamentos são conhec devido a fontes indiretas, de seus discípulos, como Pl ão, por exemplo. Praticava filosofia dentro de uma aborda em dialética, mais tarde conhecida como maiêutica, propondo questões acerca de diversos assuntos.

STALIN, JOSEPH VISSARIONOVICH (1879-1953): Estadista comunista soviético, ocupou o governo após a morte de Lênin. Em 1930, instaurou um regime de terror, suprimindo as liberdades individuais e criando uma estrutura policial e militar de combate aos inimigos do regime, o que causou a morte de milhões de pessoas.

VERAS, MARCELO (1961): Psiquiatra e psicanalista brasileiro, membro da Associação Mundial de Psicanálise e da Escola Brasileira de Psicanálise. Foi diretor do Hospital Psiquiátrico Juliano Moreira, em Salvador, e criador do Projeto Social Criamundo. Atualmente, coordena o PsiU, Programa de Saúde Mental e Bem-Estar da Universidade Federal da Bahia. É autor dos livros *A loucura entre nós* que inspirou o filme homônimo e *Selfie, logo existo: posts psicanalíticos baseados em fatos reais*.

WEBER, MAX (1864-1920): Sociólogo alemão. Considerado um dos autores clássicos da sociologia, deu enorme contribuição para os estudos sobre a relação entre religião e economia, sendo *A Ética Protestante e o Espírito do Capitalismo* (1903) sua obra mais conhecida. Desenvolveu diversos conceitos que ainda hoje são fundamentais para esta disciplina, abordando uma grande variedade de temas e fenômenos históricos.

◎ editoraletramento   🌐 editoraletramento.com.br
ⓕ editoraletramento   ⓘ company/grupoeditorialletramento
ⓨ grupoletramento   ✉ contato@editoraletramento.com.br

🌐 casadodireito.com   ⓕ casadodireitoed   ◎ casadodireito

Grupo
Editorial
LETRAMENTO